VOYAGE

AUTOUR DU MONDE,

PENDANT LES ANNÉES

1822, 1823, 1824 et 1825.

BOTANIQUE.

SECONDE PARTIE : PHANÉROGAMIE.

INTRODUCTION.

Si les *Flores* locales sont d'un grand intérêt pour la Botanique lorsqu'elles sont assez complètes pour donner une juste idée de la végétation d'un pays, les catalogues, fondés sur des collections faites pendant de courtes relâches avec rapidité et souvent dans une saison défavorable, ne peuvent donner qu'une idée très-imparfaite de la nature de la végétation de ces contrées, surtout lorsqu'ils n'ont pas pu être rédigés par le naturaliste qui a parcouru lui-même ces régions, et dont les souvenirs se combinent aux restes matériels qu'il a rapportés de ses voyages.

Laissons donc aux voyageurs qui ont exploré eux-mêmes ces zones diverses le soin de nous faire connaître l'ensemble de leur végétation : c'est surtout de ceux qui ont observé plusieurs fois les mêmes régions, qui les ont visitées à diverses époques de l'année, que la Botanique peut attendre ces résultats importants. Espérons que M. d'Urville, de retour d'une longue navigation dans les mêmes parages que *la Coquille* a visités, combinera les matériaux recueillis durant ces deux voyages pour nous faire connaître la géographie botanique de ces vastes régions.

Pour nous, devant nous borner à l'étude et à la publication des collections botaniques formées durant la circumnavigation de *la Coquille*, il nous a paru inutile d'énumérer toutes les plantes recueillies pendant ce voyage. L'ensemble de ces plantes, provenant des points les plus éloignés du globe, n'aurait eu aucun intérêt géographique général, et plusieurs des relâches ont été trop courtes ou faites dans des saisons trop défavorables pour fournir des données importantes de géographie botanique spéciale : cependant quelques-unes d'entre elles présentant des résultats intéressants sous ce rapport, nous donnerons, à la fin de la partie descriptive, des catalogues des végétaux qui y ont été recueillis.

Nous nous bornerons donc à décrire les plantes nouvelles rapportées de ce voyage, et celles qui, imparfaitement connues jusqu'à ce jour, nous ont paru mériter d'être étudiées avec plus de soin, ou dont il n'existait encore aucune bonne figure. Nous citerons simplement celles qui, déja bien décrites, ont été trouvées dans de nouvelles localités où on ne les avait pas encore signalées. Nous passerons souvent au contraire sous silence celles qui, bien connues sous le rapport botanique, ont été recueillies dans des localités où elles avaient déja été observées, surtout lorsque l'état incomplet des échantillons nous permettrait difficilement de les déterminer avec précision.

La plus grande partie des collections botaniques est due à M. d'Urville : mais nous avons reçu aussi de M. Lesson, médecin de l'expédition, un grand nombre d'échantillons, dont plusieurs n'existaient pas dans l'herbier formé par M. d'Urville, et dont les autres ont souvent complété nos matériaux. Enfin, M. Garnot, chirurgien de *la Coquille,* ayant fait naufrage sur la côte australe d'Afrique à son retour en Europe, n'a pas négligé la Botanique, et nous a remis quelques plantes que nous citerons à leur place.

L'examen des plantes recueillies durant ce voyage nous a souvent conduits à vérifier et à modifier le diagnostique des espèces voisines, et, dans ce cas, nous avons cru devoir joindre à la description des espèces nouvelles ou mal connues, des annotations sur les plantes des mêmes régions que nous avions étudiées dans d'autres collections, ou sur celles de pays souvent très-différents qui s'en rapprochent. Nous avons mis un soin particulier à comparer les échantillons de ce voyage avec ceux des mêmes espèces provenant de régions très-éloignées, telles que les plantes des Malouines ou du Chili avec les plantes d'Europe; et ce n'est qu'après l'examen le plus scrupuleux que nous avons admis leur identité, ou indiqué les légères différences qu'elles présentent. Dans un travail qui ne comprend qu'une bien petite partie du règne végétal, nous n'avons pas cru devoir donner une grande importance à l'ordre des familles entre elles, et à la disposition des genres dans les familles. Nos séries de familles, de genres et d'espèces, sont trop incomplètes pour qu'on puisse y introduire les perfectionnements qu'on pourrait tenter dans un ouvrage plus général.

Nous avons cru cependant devoir séparer les deux familles des Conifères et des Cycadées, tant des Monocotylédones que des Dicotylédones. Les observations de Richard, celles de MM. Mirbel et Rob. Brown sur ces familles, et les recherches que nous avons faites nous-mêmes sur le développement de la graine et de l'embryon des Conifères, et sur la structure des tiges de ces deux familles, nous semblent les isoler complètement des végétaux phanérogames, et en former le lien entre les Cryptogames et les véritables Phanérogames; elles sont placées, pour ainsi dire, au sommet des Cryptogames, telles que les Fougères et les Lycopodes, et à l'embranchement des deux grandes classes des Monocotylédones et des Dicotylédones.

L. C. Richard avait déja bien senti les différences nombreuses qui séparent ces familles des autres végétaux, et il en avait fait une division de même ordre que celles des Monocotylédones et des Dicotylédones, sous le nom de *Synorrhizes;* mais en fondant cette distinction sur l'adhérence de la radicule à l'endosperme, il avait donné une valeur fausse à ce caractère, qui se retrouve dans beaucoup d'autres plantes, et qui existe même toujours dans les embryons très-jeunes. Nouvelle preuve que, dans la méthode naturelle, les divisions, de quelque ordre qu'elles soient, classes, ordres, familles ou genres, ne doivent jamais être fondées sur un seul caractère, mais sur un ensemble de caractères.

PHANÉROGAMES GYMNOSPERMES.

CONIFÈRES, *CONIFERÆ.*

GNETUM.

GNETUM, L., et THOA, Aub.

Flores amentacei, monoici vel dioici, circa axim nodosum verticillato-spicati; verticillis interruptis, singulis involucro urceolato multifloro axim cingente obvolutis. Flores vel masculi et feminei in eodem involucro (marginalibus masculis, centralibus propè axim femineis), vel in distinctis amentis (an in diversis arboribus?), pilis fasciculatis, numerosis, articulatis, submoniliformibus, intermixti.

Flores masculi. Calyx (vel involucrum proprium) turbinatus, undiquè clausus, subbivalvìm dehiscens; Stamen unicum, filamento exserto, antherâ biloculari, loculis distinctis ovatis, rimâ longitudinali dehiscentibus.

Flores feminei. Ovula nuda, erecta, tribus membranis involuta; utrisque ad apicem foramine apertis; interior nucleo infernè adnata, supernè in tubulo filiformi exserto producta.

Semina nuda, tegumentis duobus exterioribus rigidis coriaceis, interiori membranaceo, endospermio magno carnoso. Embryo parvus ad apicem seminis, radiculâ superiori cylindricâ, membranæ endospermicæ adnatâ. Corpus cotyledoneum ovatum, subintegrum, apice bidentatum.

Arbores vel frutices scandentes, ramis articulatis, foliis oppositis glaberrimis lucidis, amentis axillaribus vel terminalibus.

1. GNETUM GNEMON, pl. I.

G. caule arboreo erecto; foliis ovato-lanceolatis, acutis, integerrimis, coriaceis, breve petiolatis; amentis cylindricis, verticillis approximatis, androgynis; seminibus ovato-oblongis, testâ carnosâ, fibris prurientibus non mixtâ.

Gnetum Gnemon, Linn., *Mant.*, 125; Willd., *Spec. Plant.*, 5, p. 591.

Gnemon domestica, Rumph., *Herb. Amb.*, 1, p. 181, t. LXXI et LXXII.

Arbor, ramis articulatis, ad articulos nodosis, cylindricis, levibus; Folia opposita, brevè petiolata, ovato-lanceolata vel ovato-oblonga, acuta, integerrima; nervis pinnato-reticulatis. Amenta axillaria solitaria, brevè pedunculata, articulata. Flores circa axim nodosum verticillati; verticillis multifloris, androgynis, involucro integro urceolato obvolutis; floribus masculis circiter 30 submarginalibus; femineis subduodecim, circa axim insertis; pilis numerosis, fasciculatis, articulatis, submoniliformibus, flores æquantibus et intermixtis.

Flores masculi. Calyx, vel involucrum proprium, obconicus truncatus, mutuâ pressione obpyramidatus, undiquè clausus, irregulariter vel subbivalvìm dehiscens. Stamen unicum, calyce primò inclusum, filamento brevi, deinde, calyce rupto, exsertum, filamento elongato superiùs incrassato. ANTHERA bilocularis, loculis discretis, terminalibus, ovatis, rimà longitudinali supernè dehiscentibus. POLLEN tenue, ovatum vel subglobosum pellucidum, non distinctè rumpens, granula minuta sphærica emittens.

Flores feminei. OVULUM nudum, erectum, ovatum, apice in junioribus latè apertum; foramine in adultioribus contracto, vix distincto; membrana externa (testa; primina, MIRB.) internâ crassior, fusca, striata; interna (secundina, MIRB.) tenuissima, deinde crassior evadens, supernè in collo constricta, ore aperto; intima seu membrana nuclei (tertina, MIRB.) basi nucleo adnata, supernè producta, in ovulis magis evolutis ad anthesim aptis, in tubulo filiformi, longè exserto, styliformi, ore bi-seu tridentato. Nucleus spongiosus, mamillo conico incluso superatus, deinde (in seminibus imperfectis) medio excavatus, embryonisque rudimentum, ad apicem cavitatis suspensum, includens.

SEMINA matura non vidi.

LOCALITÉ : Amboine (d'Urville).

Obs. La description précédente et les figures qui l'accompagnent suffisent pour prouver que cette plante, placée jusqu'à présent parmi les Urticées, appartient à la famille des Conifères, malgré les différences très-grandes qui existent entre son port et celui des autres genres de cette famille [1].

La structure de ses fleurs mâles (fig. 2 à 5) et le prolongement en forme de style de la membrane intérieure de l'ovule (fig. 8) rapprochent particulièrement ce genre de l'EPHEDRA, et ses rameaux articulés à feuilles opposées en croix l'éloignent moins, pour le port, de ce genre que d'aucun autre de la même famille.

La structure des feuilles est le caractère des organes de la végétation qui établit entre ces plantes les différences les plus marquées. Le GNETUM est, en effet, le seul genre de Conifères

---

[1] M. R. BROWN, dans son Mémoire sur la structure de l'ovule, considère les fleurs femelles de ce genre et celles des Conifères et des Cycadées comme des ovules nus; mais il n'établit pas que ce genre doive, par cette raison, être réuni aux Conifères : ce que nos observations nous paraissent mettre hors de doute.

à feuilles larges dont les nervures soient pinnées et anastomosées. Dans d'autres genres, on trouve également des feuilles larges ovales ou lancéolées; tels sont les DAMMARA et plusieurs PODO-CARPUS : cependant les nervures y sont toutes parallèles, et rapprochent ainsi ces feuilles de celles des Conifères ordinaires. Mais la structure habituelle de ces feuilles est bien plus celle des pétioles foliacés ou phyllodes que celle des vraies feuilles; et ne pourrait-on pas présumer que les feuilles de beaucoup de Conifères ne sont que des feuilles dépourvues de limbe? L'anomalie que le port de cette plante établit dans cette famille disparaîtrait ainsi, ou plutôt se rapporterait à une modification très-singulière sans doute, mais dont on connaît déjà plusieurs exemples parmi les Légumineuses, les Ombellifères, etc.

On sait par les recherches anatomiques de Kieser que la structure des tiges des Conifères présente des caractères très-particuliers, caractères qui paraissaient d'abord propres à cette famille, et que j'ai prouvé, dans un Mémoire récent[1], être communs, dans leurs principaux points, aux Conifères et aux Cycadées, c'est-à-dire à la classe des végétaux Phanérogames gymnospermes.

Ces caractères consistent principalement dans l'absence des vraies trachées et dans la nature des fibres qui composent le bois, qui sont toutes, ou la plupart, des fibres percées de pores bien distincts, peu nombreux et fort différents de ceux qu'on a cru voir sur les vaisseaux des vrais arbres dicotylédons. J'ai cherché, par l'examen au microscope des rameaux des GNETUM, à m'assurer si ce caractère existait également dans ce genre, et j'y ai trouvé exactement la même organisation que dans les rameaux

---

[1] Recherches sur la structure des tiges des Cycadées, *Annales des sciences naturelles*, t. XVI, p. 389, pl. XX, XXI et XXII, avril 1829.

des **Ephedra**, c'est-à-dire que le bois n'y est pas composé entièrement de fibres poreuses, toutes à peu près de même diamètre,
comme dans les Pins, les Sapins, les *Thuya* et les autres vrais
Conifères; mais qu'il est formé en partie de fibres remarquables
par leur grosseur, évidemment percées de trous arrondis entourés d'une sorte de bourrelet, et de fibres plus étroites, plus
minces et simplement ponctuées par la présence de petits gra-
nules (Pl. I, fig. 11, 12); du moins dans ces dernières, je n'ai
jamais pu voir de vrais trous ni ce renflement annulaire qui
entoure les pores des Conifères et des Cycadées : cette structure
est tout-à-fait la même que celle de l'*Ephedra distachya*.

J'ai également observé ces fibres poreuses dans le bois des
rameaux du *Gnetum nodiflora,* espèce originaire de la Guiane,
mais différente du *Thoa urens* d'Aublet. On voit par conséquent
que ce genre se rapporte à la famille des Conifères, aussi bien
par la structure de ses organes de la végétation que par celle de
ses organes reproducteurs. Et l'on doit s'étonner que Richard, qui
s'était occupé spécialement de cette famille, et qui avait étudié
la plupart des genres de la Guiane, n'y ait pas rapporté le
Thoa d'Aublet, qui ne diffère pas génériquement du Gnetum,
ainsi que M. de Jussieu le présumait déja, et que M. R. Brown
l'a annoncé dans le Mémoire déja cité.

Je n'ai pas pu observer de graines mûres du *Gnetum Gnemon,*
ni des autres espèces asiatiques de ce genre; mais l'examen de
l'ovule, à diverses périodes de son développement (Pl. I, fig. 6 à 10),
ne me laissait aucun doute sur sa ressemblance avec celle des
Conifères. En effet, en comparant ces ovules, à des époques
correspondantes de leur accroissement, avec ceux du Pin pignon
(*Pinus pinea),* par exemple, on y reconnait toutes les mêmes
parties, et, dans les ovules les plus avancés, on voit déja l'endosperme très-développé, laissant dans son centre une cavité

au sommet de laquelle est suspendu un petit corps qui parait le rudiment de l'embryon (fig. 9, 10).

Des graines mûres du *Gnetum Thoa* (*Thoa urens*, Aublet) (fig. 13) ont complété ce qui manquait dans les graines non mûres du *Gnetum Gnemon*. Cette graine oblongue, cylindrique, pointue à son sommet, est formée d'une double enveloppe (fig. 14): l'une externe brune plus épaisse renferme des fibres longitudinales, aiguës, piquantes, qui ont fait donner à cette espèce le nom de *urens*. La même organisation se retrouve dans le *Gnemon sylvestris* de Rumphius (*Gnetum ovalifolium*, Poiret), dont j'ai vu des fruits dont l'amande était imparfaite. Sous cette enveloppe externe se trouve un autre tégument coriace, cassant, noir et veiné extérieurement. Enfin, plus intérieurement, on rencontre une membrane mince, adhérente inférieurement au tégument interne, et supérieurement à l'endosperme : c'est la troisième membrane de l'ovule. L'endosperme, très-épais, est charnu et traversé, dans presque toute sa longueur, par une cavité étroite dont la partie supérieure est occupée par l'embryon, qui est renversé, et dont la longueur est à peu près égale au quart de celle de l'endosperme ; cet embryon (fig. 15) présente une tigelle cylindrique qui se termine par une pointe radiculaire aiguë, fixée au sommet de la cavité centrale de l'endosperme, sous le mamelon de l'amande : le corps cotylédonaire est renflé, formé d'une masse unique, résultant probablement de la soudure complète des cotylédons, et se termine par deux petites dents qui correspondent aux sommets libres des cotylédons. En admettant que le renflement, qui forme la partie supérieure de l'embryon, est constitué par les cotylédons soudés, il faut supposer que leur union est bien intime ; car, en coupant transversalement cette partie de l'embryon, et l'examinant au microscope, on n'y reconnait aucune trace de la réunion de deux corps distincts : la coupe est plutôt celle d'une tige, et peut-être devrait-on considérer cette partie comme dépendant de la tigelle, et les deux dents terminales comme formant les cotylédons tout entiers.

La distinction des espèces de ce genre est encore très-obscure. Rumphius en distingue quatre : deux qu'il place parmi les arbres, liv. Ier, chap. 61 et 62; et deux qu'il range parmi les arbrisseaux grimpants, liv. VII, chap. 7 et 8. Les deux premières seules ont été admises dans le genre GNETUM, l'une par Linné, et l'autre par M. Poiret : les deux autres plantes qui, d'après les descriptions et les figures, paraissent bien appartenir à ce genre, ne sont citées par aucun auteur; la seconde paraît se rapprocher de l'*Ula* de Rheede, ou *Thoa edulis* de Willdenow; mais on ne saurait cependant les confondre.

On peut encore douter si les deux variétés du *Gnemon domestica* de Rumphius, désignées par lui sous les noms de *mas* et de *feminea*, sont de simples variétés ou des espèces : ce ne sont évidemment pas des différences de sexe, puisque celle considérée comme mâle par Rumphius porte des fruits et des étamines. Je présume que les échantillons rapportés par M. d'Urville appartiennent au *Gnemon mas* de Rumphius, et que la plupart des échantillons déjà existants dans les herbiers, et d'après lesquels sont faites les figures B. 4. 8. 9 et 10 de notre planche, se rapportent à la variété *feminea* du même auteur, qui se distingue par ses chatons formés de verticilles moins rapprochés.

Les espèces asiatiques de ce genre sont donc probablement au nombre de cinq à six. En Amérique, le *Thoa urens* d'Aublet constitue une espèce bien distincte du même genre, et on doit y ranger aussi une plante recueillie à la Guiane par M. Poiteau, et bien différente spécifiquement de celle d'Aublet. On peut donc résumer ainsi ce que nous savons sur les espèces de ce genre singulier, et qui mérite de fixer l'attention des voyageurs.

1. GNETUM GNEMON, L.

Gnemon domestica, RUMPH., *Herb. Amb.,* I. p. 181, tab. 71 et 72.

2. GNETUM SYLVESTRIS, caule erecto; foliis ovato-oblongis, acutis, integerrimis, membranaceis; amentis simplicibus, verticillis contiguis, monoicis; seminibus testâ carnosâ, fibris prurientibus mixtâ.

Gnemon sylvestris, RUMPH., *Herb. Amb.,* I, p. 183, tab. 73.

Gnetum ovalifolium, POIRET, *Encycl., Suppl.,* II, p. 810.

Hab. in insulis Moluccis.

3. GNETUM FUNICULARIS, caule scandente; foliis ovatis, acutis; amentis solitariis ramosis, verticillis approximatis; seminibus ovatis, parvis, racemosis, testâ fibris prurientibus mixtâ.

Gnemon funicularis, RUMPH., *Herb. Amb.,* tom. V, p. 12, tab. 8.

Hab. in insulis Moluccis.

4. GNETUM ULA, caule scandente; foliis oblongis, acutis; amentis fasciculatis, subternis, simplicibus, verticillis approximatis; seminibus ovatis, racemosis.

Ula, RHEEDE, *Hort. Malab.,* VII, p. 41, tab. 22.

Thoa edulis, WILLD., *Spec. Plant.,* tom. IV, p. 477.

Hab. in Indiâ orientali.

5. GNETUM THOA, caule subscandente; foliis ovato-oblongis, acutis, integerrimis; ramis florentibus dichotomis, floribus masculis amentaceis, verticillis approximatis, femineis in axillis solitariis sessilibus; seminibus testâ fragili siccâ, fibris prurientibus mixtâ.

Thoa urens, AUBL. *Guian.,* tom. II, p. 874, tab. 336; WILLD., *Spec. Plant.,* tom. IV, p. 476.

Hab. in Guianâ.

6. GNETUM NODIFLORA, caule...... foliis obovato-oblongis, acutis, integerrimis; amentis masculis 4-5 pollicibus longioribus, verticillis globosis, pollice distantioribus; floribus femineis......; seminibus......

Hab. in Guianâ. (POITEAU).

7. GNETUM GNEMONOIDES, caule scandente; foliis ovatis, acutis; seminibus solitariis, testâ carnosâ; nuce acutâ striatâ.

Funis gnemoniformis, RUMPH., *Herb. Amb.,* tom. V, p. 11, tab. 7.

Hab. in Moluccis insulis.

PHANÉROGAMES MONOCOTYLÉDONES.

GRAMINÉES, *GRAMINEÆ*.

STIPA. LINN.

1. STIPA BICOLOR.

Stipa bicolor, CAVAN., *Icon.*, tom. V, p. 41, tab. 466, fig. 2.

LOCALITÉ : La Conception du Chili.

ARISTIDA. LINN.

1. ARISTIDA RAMOSA.

Aristida ramosa, R. BROWN, *Prodr. Flor. Nov.-Holl.*, p. 173.

Loc. : Le Port-Jackson à la Nouvelle-Hollande; le havre d'Offak à l'île Waigiou, l'une des îles des Papous.

2. ARISTIDA VAGANS.

Aristida vagans, CAVAN., *Ic.*, tom. V, tab. 471, fig. 1; R. BR.. *Prodr.*, p. 173.

Loc. : Le Port-Jackson.

3. ARISTIDA PALLENS.

Aristida pallens. CAV., *Ic.,* tom. V, tab. 468, fig. 2.

Loc. : La Conception au Chili.

4. ARISTIDA ADSCENSIONIS.

A. culmis fasciculatis; foliis setaceis, acutis, paniculam coarctatam spiciformem vix brevioribus; glumis subæqualibus, paleas æquantibus; aristis æqualibus, paleâ duplò longioribus.

Aristida Adscensionis, Swartz. Obs. 40; Willd., *Spec.* 1. p. 458.

Culmi erecti, cœspitosi, semipedales, glaberrimi. Folia erecta, filiformia, setacea, acutissima, rigidiuscula, convoluta, margine denticulatâ; ligulâ brevi, filamentosâ; vaginâ subtrinerviâ, fissâ, margine scariosâ. Panicula filiformis, 3-4-pollicaris, coarctata, subspiciformis; ramulis brevibus erectis, paucifloris.

Spiculæ multifloræ, glumis subæqualibus, lanceolatis, acutis, uninerviis, carinatis, dorso denticulatis; flore brevè pedicellato, pedicello piloso. Palea exterior, convoluta, oblonga, trinervia, carinata, carinâ denticulatâ, nervis apice in tres aristas desinentibus compressas, æquales, continuas (nec articulatas), marginibus denticulatis. Palea interior, brevissima, superiori quadruplò brevior, inclusa, oblonga, binervis, truncata. Squamulæ duæ obovato-cuneatæ, enerves, paleæ interiori oppositæ, et paululùm breviores. Stamina 3, antheris oblongis. Ovarium oblongum. Styli.....

Loc. : L'île de l'Ascension.

SPARTINA. Schreb.

1. SPARTINA DENSIFLORA.

S. spicâ cylindricâ, subfusiformi, ramis undiquè imbricatis adpressis; spiculis lanceolatis, coriaceis, glaberrimis, lucidis, carinis denticulatis.

Planta glaberrima. Culmus bi-tripedalis, erectus, rigidus, cylindricus. Folia numerosa, approximata, spicâ paulò breviora; vaginis dorso striatis, antice fissis; ligulâ brevi, fimbriatâ; laminâ angustâ, subulatâ, acutâ, convolutâ, rigidâ, apice subpungente. Spica vaginæ superiori approximata, cylindrico-fusiformis, sexpollicaris, ramulis approximatis, undiquè arctè imbricatis, adpressis, oblongis, erectis, non contortis.

Spiculæ unilaterales, biseriatìm et distichè imbricatæ, sessiles, basi dentibus racheos compressæ articulatæ, unifloræ, coriaceæ, lanceolatæ, compressæ, lucidæ. Glumæ valdè inæquales, coriaceæ, rigidæ, splendentes : exterior duplò brevior, linearis, carinata, dorso denticulato-

ciliata; interior lanceolata, obtusiuscula, carinata dorsoque denticulata.
PALEÆ glumis subæquales: exterior coriacea, uninervia, lanceolato-cari-
nata, dorso denticulata; interior membranacea, binervia, obliquè compressa. SQUAMULÆ nullæ. STAMINA tria, filamentis basi bulbosis; antheris.... OVARIUM (semi-maturum) glabrum, oblongo-fusiforme, obliquum,
Semine in pericarpio libero, latere basique aflixo. STYLI duo filiformes,
basi connati. STIGMATA oblongo-cylindrica, undiquè densè fibrillosa,
fibrillis simplicibus, brevibus, approximatis.

Loc. : **Près de la Conception du Chili.**

Obs. Cette espèce se rapproche du *Spartina glabra* de Muh-
lenberg (*Spartina levigata,* Link), qui en diffère par ses épis
moins compactes, formés de rameaux plus allongés, plus grêles,
et moins exactement imbriqués, et par ses épillets, beaucoup
plus allongés et plus aigus.

2. SPARTINA CILIATA. Pl. II.

S. spicà cylindricà, elongatà; ramulis undiquè imbricatis, contortis; spiculis brevibus, glumis lanceolatis, acutis, patentibus,
dorso ciliatis; foliis filiformibus, convolutis, patentè flexuosis.

CULMUS erectus, tripedalis et ultrà, cylindricus. FOLIA glaberrima, infernè approximata; vaginæ striatæ, longissimæ, usque ad basim fissæ,
convolutæ, margine scariosæ; ligula brevis, pilosa; lamina contracta,
convoluta, filiformis, longè acuminata, flexuosa, spicam subæquans, coriacea, inferiùs striata. SPICA vaginæ superiori approximata, cylindrica,
elongata, pedalis, apicibus glumarum aspera; ramulis undiquè imbricatis, arctè adpressis, contortis.
SPICULÆ unifloræ, unilaterales, biseriatim imbricatæ, sessiles dentibus-
que racheos compressæ insertæ; glumis interioribus sese mutuò obtegen-
tibus, adpressis, exterioribus patentibus, respectu axis ramulorum quoque exterioribus. GLUMÆ inæquales, membranaceæ, complicato-carinatæ,
uninerviæ, carinà rigidà coriaceà dorso ciliatà, patentes, paleas non
involventes: exterior brevior, linearis, angusta, compressa, incurvata,

dorso marginequeciliata; interior dimidiò longior, lanceolata, acuminata, dorso ciliata. PALEÆ subæquales, glumâ exteriori breviores, membranaceæ : exterior paululùm brevior, complicata, uninervia, valdè carinata, carinâ rigidâ ciliatâ; interior convoluta, membranacea, binervia. SQUAMULÆ nullæ. STAMINA tria, filamentis filiformibus, basi bulbosis; antheris oblongo-linearibus, bilocularibus; loculis rimâ longitudinali exteriori dehiscentibus. OVARIUM oblongum, obliquum. STYLUS basi simplex, apice bifidus. STIGMATA oblonga, cylindrica, undiquè fibrillis simplicibus approximatis obtecta.

Loc. : Recueillie dans l'île Sainte-Catherine près la côte du Brésil.

PLANCHE II. Plante de grandeur naturelle. Fig. 1, un épillet grossi; fig. 2, pistil entouré des étamines; fig. 3, coupe transversale de l'épillet indiquant les rapports de position des divers organes.

ALOPECURUS. LINN.

1. ALOPECURUS ANTARCTICUS.

A. culmo erecto, glabro; foliis planis, brevibus; spicâ ovatâ, glumis hirsutis; paleâ dorso aristatâ, aristâ glumis longiore.

Alopecurus antarcticus, VAHL, *Symbol.* 2, p. 18; WILLD., *Spec. Plant.* I, p. 357.

Alopecurus magellanicus, LAMK., *Encycl., tabl. method.* I, p. 168.

Var. α. Foliis, vaginâ inflatâ, limbo plano brevi.
Var. β. Foliis, vaginâ cylindricâ, limbo convoluto.

CULMUS simplex, erectus, glaberrimus. FOLIA rara, distantia, glabra, in *var.* α (an plantâ juniori?), vaginâ inflatâ, limbo plano, spicam æquante, in *var.* β (an plantâ vetustiori?), vaginâ cylindricâ, adpressâ, limbo convoluto, spicâ longè pedunculatâ breviori. SPICA ovato-oblonga, pollicaris, villosa, aristisque hirta.

SPICULÆ subternæ unifloræ. GLUMÆ æquales, usque ad basim liberæ, carinatæ, naviculares, obtusiusculæ, trinerviæ, villosissimæ. PALEA unica, glumis subæqualis, cymbæformis, acutiuscula, marginibus infernè coalitis, supernè dorsoque ciliatis; arista infrà medium inserta, glumis longior, denticulata. Squamulæ nullæ. Stamina tria, antheris oblongo-linearibus. Ovarium ovatum, glabrum. Stylus simplex. Stigma infernè simplex, compressum, membranaceo-fibrillosum, supernè bifidum, ramis fibrillis tectis.

Loc. : *Var.* α, îles Malouines. *Var.* β, la Conception au Chili.

Obs. M. de Lamark donne pour caractère à son *Alopecurus magellanicus, vaginá superiori aphyllá :* dans nos échantillons, le limbe de la feuille supérieure existe, quoique assez court ; mais il se distingue à peine de la gaîne renflée.

SPOROBOLUS. R. Br.

1. SPOROBOLUS DIANDRUS.

Agrostis diandra, Retz, *Obs.* 5, p. 19.

Loc. : Dans l'île Bourou, l'une des Moluques.

2. SPOROBOLUS ELONGATUS.

Sporobolus elongatus, R. Br., *Prod. Fl. Nov.-Holl.,* p. 170.

Loc. : Port-Jackson à la Nouvelle-Hollande.

3. SPOROBOLUS TENACISSIMUS.

Vilfa tenacissima, Kunth, *Nov., Gen.,* I, p. 138.
Agrostis tenacissima, Linn.; Willd., *Spec.* 1, p. 374.

Loc. : La Conception au Chili.

4. SPOROBOLUS VIRGINICUS.

Vilfa virginica, Kunth., *l. c.,* p. 137.
Agrostis virginica, Linn.; Willd., *Spec. Pl.,* I, p. 373; Labill.,
Nov.-Holl., I, p. 20, tab. 23; R. Br., *Prodr.,* p. 170.

Loc. : Lima au Pérou.

5. SPOROBOLUS DURUS. Pl. 4.

S. culmis erectis, ramoso-fasciculatis; foliis lineari-subulatis, rigidis, convolutis; panicula contracta, ramulis fasciculatis erectis; glumâ interiore paleas subæquante.

Culmus pedalis et ultrà, glaberrimus, compressus, ramosus, ramis e basi nascentibus, fasciculatis, erectis, nodis glabris. Folia paniculà breviora, rigida, dura; vagina lucens, dorso carinata; ligula brevissima, fimbriata; lamina linearis, longè subulata, basi ciliata, margine acutè denticulata, convoluta. Panicula contracta, ramis semi-verticillatis, erectis, fastigiatis; spiculis pedicellatis, ternis vel binis, lanceolatis, acutis.

Glumæ inæquales : exterior duplò brevior, enervia; interior paleis æqualis, uninervia, carinata, acuta, dorso denticulata. Paleæ inæquales: exterior longior acuta, uninervia, membranacea, mutica; interior obtusa, binervia. Squamulæ duæ truncato-emarginatæ. Stamina antheris oblongis. Ovarium obovatum. Styli breves, basi connati. Stigmata ovata, subplumosa, fibrillis longis, approximatis, simplicibus denticulatis. Fructus, pericarpio membranaceo, rimâ longitudinali interiori dehiscente, et semen ovatum fuscum basi affixum emittente.

Loc. : L'île de l'Ascension.

Planche IV. Plante de grandeur naturelle. Fig. 1, un épillet ouvert naturellement au moment de la floraison, les anthères sont tombées; fig. 2, une des écailles; fig. 3, une étamine avant la dispersion du pollen; fig. 4, pistil avec les filaments des étamines à la base; fig. 5, fruit mûr formé d'un utricule membraneux élastique, s'ouvrant régulièrement par une fente longitudinale à sa face interne, et lançant la graine au dehors lorsqu'il est humecté.

AGROSTIS. Linn.

1. AGROSTIS OVATA.

Agrostis ovata, Labill., *Nov.-Holl.*, I, p. 19, tab. 21; R. Br., *Prodr.*, p. 171.

Loc. : Port-Jackson.

2. AGROSTIS DECIPIENS.

Agrostis decipiens, R. Br., *Prodr. Fl. Nov.-Holl.*, p. 172.

Loc. : Port-Jackson.

3. AGROSTIS BILLARDIERI.

Agrostis Billardieri, R. Brown, *Prodr.*, p. 171.
Avena filiformis, Labill., *Nov.-Holl.*, 1, p. 24, tab. 21. *(excluso Syn. Forsteri, secundum cel., R. Brown.)*

Loc. : Port-Jackson

Obs. Cette espèce forme le passage au genre Deyeuxia par la présence d'une petite soie à la base de la balle interne, petite soie qui représente un rudiment de pédicelle d'une seconde fleur.

4. AGROSTIS VULGARIS.

Agrostis vulgaris, Linn.

Loc. : Ile Sainte-Hélène.

POLYPOGON. Desf.

1. POLYPOGON AFFINE.

P. culmo ascendente, foliis planis, nervosis, scabris; paniculâ subeffusâ, pyramidalis, pedicellis pubescente scabris; glumis externe asperis, uninerviis, acutis, paleis longioribus, in aristâ brevi desinentibus; paleis valdè inæqualibus, exteriore quadridentatâ, inter dentes aristatâ, aristâ glumis longiore.

Culmus pedalis vel sesquipedalis, levis, ascendens, ad nodos inferiores geniculatus. Folia glabra, vaginis internodos superantibus, fissis; laminis, planis, striatis, nervis approximatis scabris; ligulâ brevi, membranaceâ, erosâ. Panicula tripollicaris, subeffusa; pedicellis semi-verticil-

latis, pubescente-scabris. Glumæ æquales, ovato-lanceolatæ, acuminatæ,
apice in aristâ brevi desinentes, uninerviæ, carinatæ, externè pilis brevibus rigidis scabræ; carinâ denticulato-ciliátâ.

Flos brevissimè pedicellatus, pedicello piloso, bipaleacea. Palea exterior obtusa, quadridentata, convoluta, sub quinque nervia; nervis tenuissimis; aristâ inter dentes medios insertâ, glumis longiore, denticulatâ.
Palea interior brevissima, ovata, membranacea. Squamulæ duæ ovatæ,
acutæ, basi connatæ. Stamina tria, antheris ovatis bilobis. Ovarium ovato-
oblongum. Styli......

Loc. : La Conception du Chili.

Obs. Cette espèce est très-voisine du *Polypogon elongatum;*
elle en diffère par la brièveté des arêtes des glumes, et par la
petitesse de la balle interne, qui est à peine plus grande que
les écailles et qui pourrait être prise pour une troisième écaille.

2. POLYPOGON ELONGATUM.

P. culmo erecto, simplici, foliis scabris; paniculâ ramosâ,
verticillatâ, nutante, diffusâ; glumis scabris, lanceolato-subulatis, in aristam glumâ breviorem desinentibus; paleis inæqualibus, exteriore aristatâ, aristâ glumis longiore.
Polypogon elongatus, Kunth, *Nov. Gen.,* I, p. 134.

Loc. : Près de la ville de Lima.

Obs. La plante recueillie par M. d'Urville, probablement a
peu d'élévation au-dessus du niveau de la mer, convient parfaitement à la description de celle recueillie par M. de Humboldt
dans la province de Quito, à 1350 toises d'élévation.

3. POLYPOGON INTERRUPTUM.

P. culmo erecto, simplici, foliis scabris; paniculâ coarctatâ,
subverticillatâ, interruptâ; glumis oblongis, obtusis, scabris,

aristatis; aristâ glumis breviore, vel subæquali; paleâ exteriore
glumis duplò breviore, aristatà; aristâ paleam æquante.

Polypogon interruptus, Kunth, *Nov. Gen.,* I, p. 134, *tab.* 44.

Loc. : Près de Lima.

Obs. Les échantillons des environs de Lima ne paraissent
différer de ceux des bords de l'Orénoque que par leur taille
plus grande dans toutes leurs parties, et par les arêtes des
glumes, qui sont plus courtes que les glumes elles-mêmes.

4. POLYPOGON AUSTRALE.

P. culmo erecto, simplici; foliis planis, scabris, brevibus; paniculâ oblongâ, coarctatâ; glumis acutis, integris, pubescente-
scabris, aristis glumas quadruplò superantibus; paleâ exteriore
truncato-quadridentatà, aristatà; aristâ terminali glumis duplò
longiore.

Loc. : Près de la ville de la Conception au Chili.

Obs. Cette espèce paraît voisine du *Polypogon tenellum* du
Prodromus Floræ Novæ-Hollandiæ, qui, suivant le caractère que
M. Brown en donne, s'en distingue cependant par ses glumes
très-velues, et surtout par l'arête de la paillette, deux fois plus
longue que celles des glumes. Le port de cette plante est tout-
à-fait celui du *Polypogon monspeliense,* et les caractères spécifiques de cette espèce et du *Polypogon maritimum,* tels qu'ils
sont tracés, ne me paraissant pas renfermer les traits qui distinguent essentiellement ces plantes, je vais rapporter ici leurs
caractères comparatifs, tracés sur un grand nombre d'échantillons de diverses localités.

Polypogon monspeliense.

P. culmo simplici, erecto; paniculâ oblongâ, coarctatâ; glumis pubes-
cente-ciliatis, bilobis, lobis obtusis, aristis glumas triplò superantibus;

paleâ exteriore truncatâ subquadridentatâ, aristatâ ; aristâ paleam æquante.
glumas vix superante.

POLYPOGON MARITIMUM.

P. culmo simplici, erecto ; paniculâ coarctatâ, spiciformi ; glumis valdè
pubescentibus, dorso ciliato-aculeatis, bilobis, lobis acutis ; aristis glumas triplò superantibus ; paleâ exteriore, glumis duplò breviore, truncatâ.
quadridentatâ, omninò muticâ.

On voit que la principale différence entre ces deux espèces
et le *Polypogon australe* consiste dans la proportion ou l'absence
de l'arête de la balle externe.

5. POLYPOGON TENUE.

P. culmo erecto, simplici ; foliis angustis, convolutis, rigidis;
paniculâ paucifiorâ, spiciformi ; glumis pubescentibus, apice sub-
integris, aristis longissimis (glumis sextuplò longioribus);
palea exteriore profundè bidentatâ, dentibus acutis, aristatâ ;
aristâ glumis duplò longiore.

Culmus erectus, tenuis, levis. Folia erecta, culmo breviora, glaberrima ;
vaginâ striatâ, fissâ ; ligulâ ovato-oblongâ, membranaceâ, integrâ ; laminâ
angustâ, lineari, convolutâ, acutâ, rigidâ.
Panicula pauciflora, spiciformis, flavescens ; spiculis raris, distantibus,
longiùs pedicellatis. Glumæ dorso et margine ciliatæ, non scabræ, membranaceæ, dorso viridescentes, æquales, apice subintegræ vel vix emarginatæ : aristâ filiformi, glumis sextuplò longiore. Palea exterior aristata,
glumis subæqualis, ovata, profundè bifida, lobis subulatis acutis ; arista
e sinu nascens, aristis glumarum brevior, sed palea triplò vel quadruplò
longior. Palea interior ovato-lanceolata, enervia, vel subbinervia. Stamina antheris ovatis, inclusis. Squamulæ duæ lanceolatæ, acutæ, ovarium
æquantes. Ovarium ovatum. Styli breves, basi approximati ; fibrillis
stigmatis simplicibus, raris.

Loc. : L'île de l'Ascension.

DEYEUXIA. P. Beauv.

1. DEYEUXIA SPLENDENS.

D. culmo erecto, foliis planis, apice vix convolutis, acutis; paniculâ ramosissimâ, subcoarctatâ, splendente; glumis acutis, lucidis, dorso denticulatis, paleis subduplò longioribus; paleâ exteriore aristatâ, aristâ glumas subæquante; rudimento pedicelli floris sterilis paleis triplò breviore.

Planta glaberrima, erecta, tripedalis; radice fibrosâ, durâ; culmis 2-3 basi fasciculatis, simplicibus. Folia, vaginâ longâ, fissâ, convolutâ, striatâ; ligulâ brevi, membranaceâ, truncato-erosâ; laminâ planâ, striatâ, acutâ, vix apice convolutâ; foliis superioribus paniculam subæquantibus.

Panicula pedalis, ramosissima, coarctata (paniculam Agrostidis spicaventi æmulans), viridi-flavescens, splendens; ramis semi-verticillatis, erectis, fastigiatis; spiculis in ramulis fasciculatis, brevè pedicellatis. Spiculæ unifloræ et rudimento floris sterilis præditæ. Glumæ æquales, linearilanceolatæ, acuminatæ, uninerviæ, dorso denticulatæ, nitentes.

Flos fertilis sessilis. Paleæ æquales, glumis dimidiô breviores; exterior, lanceolata, convoluta, dorso aristata, aristâ suprà medium dorsi insertâ, glumas subæquante; interior binervia, apice truncata, ad nervos denticulata. Squamulæ duæ ovatæ, acuminatæ, basi connatæ. Stamina tria, antheris ovatis, bilobis. Ovarium oblongum, glabrum. Styli basi approximati, breves. Stigmata brevia, fibrillis raris, albis.

Rudimentum floris sterilis, pedicellum filiforme, apice vix pilosum, basi paleæ interioris insertum, paleisque triplò brevius.

Loc. : L'île Sainte-Catherine au Brésil.

AIRA. Linn.

1. AIRA FLEXUOSA.

Aira flexuosa, Linn.

Var. montana. Planta cæspitosa, humilior, vix pedalis; foliis brevibus, rigidis; paniculâ coarctatâ, non flexuosâ. An junior?

Loc. : Les îles Malouines.

2. AIRA CARYOPHYLLEA.

Aira caryophyllea, Linn.

Var. α *minor*, pedicellis levibus.
Var. β *major*, paniculâ spiculisque majoribus, pedicellis asperis.

Loc. : La variété α, parfaitement semblable à celle d'Europe, croit aux îles Malouines; la variété β a été recueillie auprès de la Conception au Chili.

ERIACHNE. R. Br.

1. ERIACHNE SQUARROSA. Pl. 3.

E. paniculâ pauciflorâ vix ramosâ, ramis brevibus, bi-trifloris, approximatis; glumis hispidis, acuminatis, flosculis longioribus; aristis glumas superantibus, flexuosis; foliis vaginisque piloso-scabris; nodis barbatis.

Eriachne squarrosa, R. Brown, *Prodr. Flor. Nov.-Holl.*, p. 183.

Culmi erecti, ramosi, cylindrici, striati, asperi, infrà nodos hirsuti; nodis valdè pilosis, barbatis. Folia paniculâ breviora; vaginis fissis convolutis, margine scariosis, externè scabris, pilosis; ligulâ brevissimâ, pilosâ; laminâ lineari-lanceolatâ, acutâ, paginâ inferiore scabrâ, pilosiusculâ, superiore subglabrâ. Panicula longè pedunculata pauciflora, ramulis approximatis, brevibus, duas vel tres spiculas sustinentibus.

Spiculæ brevè pedicellatæ, bifloræ, floribus subsessilibus. Glumæ æquales, ovato-lanceolatæ, acuminatæ, 7-9 nerviæ, flores superantes, hispidæ; pilis albis, rigidis, basi bulbosis. Paleæ coriaceæ, ovato-oblongæ, acuminatæ, externè sericeo-pilosæ : exterior uninervia, aristâ terminali, internè canaliculatâ, scabrâ, flexuosâ, glumis triplò longiore; interior binervia, apice biaristata, aristis parallelis approximatis, paleâ dimidiò brevioribus. Squamulæ duæ membranaceæ, cuneatæ, nervosæ. Stamina tria, filamentis capillaribus, antheris ovatis, bilocularibus. Ovarium ovato-oblongum. Styli basi distantes, filiformes. Stigmata cylindrica, stylis triplò longiora, fibrillis densis, brevibus, simplicibus.

Loc. : Recueillie à Bourou, l'une des îles Moluques.

2. ERIACHNE GRACILIS.

E. spicà pauciflorà, ramis distantibus, gracilibus, erectis, 3-4 floris; glumis acutis, paleas vix æquantibus, glabriusculis; paleis sericeo-villosis, aristatis, aristas subæquantibus; culmo. vaginis foliisque glabris, ligulà foliisque margine ciliatis.

An varietas *Eriachnes ciliatæ?* R. Brown, *Prodr.*, p. 184.

Culmi basi vix ramosi, erecti, simplices, graciles, cylindrici, leves: nodis fuscis, glaberrimis. Folia glaberrima, brevia, vaginis fissis, convolutis, internodiis duplò brevioribus; ligulà vaginàque margine ciliatis; laminà angustà, convolutà, subulatà, margine subciliatà. Panicula pauci-flora, ramis alternis, distantibus, gracilibus, erectis, adpressis, tres vel quatuor spiculas brevè pedicellatas subsecundas sustinentibus.

Spiculæ bifloræ. Glumæ æquales, ovatæ, acutæ, margine scariosæ, 7-nerviæ, vix pilosæ. pilis adpressis. Flosculi paleæque æquales. externè pilosi, pilis sericeis, adpressis. Palea exterior ovata, concava, crustacea, 5-nervia, aristata. aristà terminali subulatà, paleam æquante vel paululùm superante; interior oblongo-lanceolata, dorso planiuscula, crustacea. binervia. apice biaristata, aristis brevibus, parallelis, contiguis. Squa-mulæ.... Stamina.... Stigmata.... Cariopsis fusiformis, fuscus. gla-berrimus. non sulcatus.

Loc. : Trouvée à l'île Bourou, l'une des îles Moluques.

Obs. Cette plante convient, à plusieurs égards, aux caracteres que M. R. Brown donne de l'*Eriachne ciliata* dans son *Prodro-mus Floræ Novæ-Hollandiæ*. Cette dernière espèce me parait cependant en différer par ses glumes acuminées et par ses feuilles

et ses gaines hispides, caractères qui n'existent pas dans la plante
recueillie par M. d'Urville. Cependant la phrase donnée par
M. Brown est trop courte pour qu'on puisse être sûr de la distinction des deux plantes avant de les avoir comparées.

AVENA. Linn.

1. AVENA PHLEOIDES.

A. culmo erecto, cœspitoso, villoso; foliis subulatis, acutis,
densè pubescentibus; paniculâ cylindricâ, spiciformi; glumis
paleas superantibus, lanceolatis, acuminatis, subaristatis, dorso
margineque ciliatis; paleis exterioribus acuminatis, apice bidentatis, aristâ suprà medium insertâ, glumis duplò longiore.

Avena phleoides. D'Urville, *Flor. des Malouines* [1], p. 30.

An varietas *Avenæ subspicatæ?* Link, *Hort. Berol.*, I, p. 117
(*Aira subspicata*, Linn.).

Culmi erecti, pedales, cœspitosi, simplices, infernè subglabri, superiùs
villosi. Folia ad basim culmi approximata, superiora distantiora, vaginis
longioribus; vaginæ cylindricæ, striatæ, convolutæ, inferiùs glabræ, superiùs densè pubescentes; ligula brevis, membranacea, triangularis,
margine fimbriata; lamina lineari-subulata, acuta, rigida, subplana,
dorso carinata, inferiùs villosa margineque ciliata. Panicula tripollicaris,
cylindrica, spiciformis, flavescens, rachi pedicellisque villosis; spiculis
approximatis, imbricatis, glaberrimis.

Spiculæ bi-trifloræ. Glumæ subæquales, lanceolatæ, carinatæ, acutæ,
subaristatæ : inferior paululùm brevior, uninervia; superior major trinervia. Flores decrescentes, pedicellati, pedicello piloso : superiores minores abortivi vel masculi; inferiores hermaphroditi. Paleæ membranaceæ : exterior carinata, acuta, supernè binervia, subbidentata; aristâ
paleâ duplò longiore, in medio dorso insertâ, rigidâ, rectâ vel geniculatâ;

---

[1] Insérée dans les *Mémoires de la Société linnéenne de Paris*, t. IV.

interior paululùm brevior, binervia, acuta. Squamulæ duæ, cuneatæ, truncato-erosæ. Stamina tria, antheris oblongo-linearibus. Ovarium ovatum, glabrum. Styli duo e basi divergentes, breves. Stigmata ovato-oblonga, fibrillis approximatis, simplicibus.

Loc. : Assez fréquente dans les lieux sablonneux des îles Malouines.

Obs. Cette plante est tellement voisine de l'*Avena subspicata* (*Aira subspicata*, Linn.; *Avena airoides*, Decand.), que j'ai hésité long-temps si je la considérerais comme une simple variété de cette espèce. Cependant, en comparant les échantillons assez nombreux rapportés par M. d'Urville, et tous parfaitement semblables entre eux, avec des échantillons de l'espèce que je viens de citer, provenant de localités très-différentes, des Alpes, de la Laponie et du Groenland, j'ai trouvé que la plante de notre hémisphère se distinguait toujours par ses glumes beaucoup moins aiguës, sans aucune arête terminale, par ses balles également moins aiguës, et par sa panicule spiciforme plus courte et d'une couleur violette ou dorée; tandis que l'espèce australe a les glumes très-pointues, se terminant en une arête courte, et la panicule plus alongée, d'un jaune verdâtre très-pâle. Mais il me paraît difficile de décider si ces caractères suffisent pour distinguer deux espèces, ou si on ne devrait pas considérer ces plantes comme deux variétés de la même espèce.

DANTHONIA. R. Br.

1. DANTHONIA LONGIFOLIA.

Danthonia longifolia, R. Brown, *Prodr.*, p. 176.

ARUNDO. Beauv.

Arundinis *Spec.*, Linn. Phragmites, Trin., Link.

Spiculæ bi-quinquefloræ, flore inferiore sæpiùs neutro. Glumæ inæquales vel subæquales, floribus breviores. Paleæ duæ valdè inæquales, pilis longissimis involucratæ : exterior longior, acuminata, convoluta, uninervia ; interior inclusa, membranacea, binervia, integra. Squamulæ glabræ, membranaceæ. Ovarium ovatum, glabrum. Styli graciles, stigmatibus æquales vel longiores. Stigmata oblonga, undiquè papillosa.

1. ARUNDO PHRAGMITES.

Arundo phragmites, Linn.

Phragmites communis, Link, *Hort. Berol.*, I, p. 135.

Specimina chilensia, spiculis 3-4 floris, pilis raris.

Specimina peruviana, spiculis junioribus.

Specimina e Nová-Hollandiá, spiculis sub-trifloris; foliis rigidis, convolutis, acutis.

Loc. : La Conception au Chili; Payta au Pérou; le Port-Jackson à la Nouvelle-Hollande.

Obs. Les différences que présentent les échantillons de ces diverses localités, tant lorsqu'on les compare entre eux qu'avec ceux recueillis en Europe, sont moins grandes que celles qu'on peut observer entre des échantillons de divers lieux de la France: c'est un des exemples les plus frappants de l'identité d'une même espèce sous des latitudes différentes et à de très-grandes distances.

2. ARUNDO FLEXUOSA. Pl. IV.

A. culmo cylindrico, erecto; foliis planis; paniculâ flexuosâ; pedicellis filiformibus, æqualibus; spiculis bifloris; flore inferiori neutro; paleâ exteriori subulatâ, convolutâ, interiorem glumasque valdè superante; pilis tenuissimis, paleis brevioribus.

Culmus cylindricus, glaberrimus, erectus. Folia erecta, spiraliter inserta et undiquè versa; vaginâ cylindricâ, convolutâ, glabrâ; ligulâ brevi, pilosâ; laminâ planâ, pollice latâ, lineari-subulatâ, apice longè acuminatâ, striatâ; nervis tenuissimis, æqualibus. Panicula effusa, pedicellis filiformibus, raris, flexuosis, spiculas distantes sustinentibus.

Spiculæ bifloræ; glumis inæqualibus, angustis, trinerviis, paleis brevioribus. Flos inferior subsessilis, bipaleatus, neuter; palea inferior convoluta, acuta, oblongo-subulata, trinervia; superior multò brevior, oblonga, binervia, nervis marginalibus; ovarii rudimentum minimum. Flos superior pedicellatus; pedicello pilis albis, flore dimidiò brevioribus, obtecto; paleis ut in flore sterili, longioribus. Stamina.... (an nulla?). Squamulæ duæ membranaceæ, cuneatæ. Ovarium ovato-oblongum. Stylus bifidus. Stigmata duo ovata, paleæ superiori subæqualia, fibrillis simplicibus approximatis undiquè tecta.

Loc. : Bourou dans les Moluques.

Planche V. Partie supérieure de la plante, de grandeur naturelle. Fig. 1. un épillet grossi; fig. 2, balle inférieure de la fleur fertile, avec le pédicelle de cette fleur; fig. 3, balle supérieure, même grossissement que la figure précédente; fig. 4. pistil avec les deux écailles qui l'accompagnent, beaucoup plus grossis.

3. ARUNDO MINUTIFLORA.

A. culmo cylindrico, erecto; foliis unilateralibus, planis, nervosis, scabris; paniculá fastigiatâ; ramulis virgatis, longissimis, filiformibus; spiculis minutis, lateralibus, brevè pedicellatis, bifloris; glumis brevibus, obtusis; paleis exterioribus, ovato-lanceolatis, acuminatis.

Culmus erectus, simplex, cylindricus, pennæ anserinæ æqualis, glaberrimus. Folia eodem latere spectantia, erecta; vaginis striatis, convolutis et spiraliter contortis; ligulâ brevissimâ, membranaceâ, fuscâ, truncatâ; laminâ lineari, lanceolatâ, acuminatâ, basi subcordatâ, planâ, supernè scabrâ; nervo medio infernè valdè notato, nervisque lateralibus distinctis, distantibus. Panicula magna, sesquipedalis; ramis fastigiatis, solitariis alternis, supernè ramosis; ramulis filiformibus, erectis; pedicellis unilateralibus, paucifloris.

Spiculæ minimæ, pedicellatæ, basi articulatæ, bifloræ. Glumæ duæ subæquales, ovatæ, concavæ, obtusæ, membranaceæ. Flos inferior neuter, unipaleaceus; palea flore superiore longior, lanceolata, acuta. Flos superior bipaleaceus : paleâ exteriori ovato-lanceolatâ, acutâ, submucronatâ, dorso pilosâ, pilis paleâ brevioribus; paleâ interiore inclusâ, breviori. Stamina tria. Ovarium....

Loc. : L'île Bourou, l'une des îles Moluques.

Cette plante, quoique dans un état de floraison tres-peu avancé et par conséquent assez incomplet, me semble constituer une espèce bien distincte de celles déja décrites. La seule dont elle paraisse se rapprocher à quelques égards est l'*Arundo Karka* de Retzius (*Obs. bot. Fasc.* 4, p. 21); mais, indépendamment des différences dans la structure des épillets que Retzius décrit comme uniflores, ce qui pourrait dépendre de quelque erreur dans l'observation, la disposition des feuilles et de la panicule me paraît distinguer suffisamment ces deux plantes, les fleurs étant longuement pédicellées dans l'*Arundo Karka* et presque sessiles dans notre plante.

AMPELODESMOS. LINK.

SPICULÆ bi-multifloræ, floribus fertilibus. GLUMÆ sub-æquales, acutæ, uninerviæ. PALEÆ subæquales : exterior 1-5-nervia, acuta, apice integra, acuminata, quando-que in aristà compressà rigidà desinens; interior bi-nervia, apice profundè bidentata, dentibus divergen-tibus. PILI dorso paleæ exterioris pedicelloque inserti, sparsi, erecti. SQUAMULÆ duæ ovato-oblongæ, membra-naceæ, pilosæ. OVARIUM obovatum, sæpiùs villosum. STYLI brevissimi. STIGMATA fibrillis raris, sparsis vel subdistichis.

1. AMPELODESMOS AUSTRALIS.

A. culmo simplicè, foliis convolutis, filiformibus; paniculà coarctatà, oblongà; spiculis multifloris; glumis acuminatis; paleis exterioribus membranaceis basi valdè pilosis, apice longè aristatis.

Irundo pilosa, D'URVILLE, *Flor. des Malouines*, p. 33.

CULMI cæspitosi, simplices, subpedales, rigidi, foliosi. FOLIA glaber-rima, paniculam superantia; vagina longissima, fissa, convoluta, striata; ligula pilosa; lamina lineari-subulata, acuta, convoluta, filiformis, tena-cissima. PANICULA contracta, ovato-oblonga; spiculis approximatis, brevè pedicellatis, violaceis valdèque pilosis.

SPICULÆ sub-quinquefloræ, compressæ; glumis paleisque patentibus. GLUMÆ æquales, paleis longiores, lanceolatæ, longè acuminatæ, carinatæ, uninerviæ, levissimæ. PALEÆ subæquales, membranaceæ, pellucidæ : exterior oblongo-lanceolata, uninervia, desinens in aristam rigidam, planam, subulatam, margine denticulatam, paleæ æqualem; interior binervia, bicarinata, apice profundè bidentata, dentibus acutis divergentibus. Pili paleis æquales, dorso paleæ exterioris pedicelloque inserti, numerosi, albicantes, erecti. SQUAMULÆ duæ, ovato-lanceolatæ, obtusæ, apice pilosæ; pilis brevioribus, rigidis, divergentibus. STAMINA tria, filamentis filiformibus, antheris oblongo-linearibus. OVARIUM ovato-oblongum, glabrum. STYLI duo basi distincti. STIGMATA oblonga, plumosa; fibrillis brevibus, approximatis, distichis.

LOC. : Les îles Malouines.

PLANCHE VI. Plante de grandeur naturelle. Fig. 1, un épillet isolé et grossi ; fig. 2, une fleur isolée, dont les deux balles sont écartées artificiellement; fig. 3, une des écailles; fig. 4, une étamine; fig. 5, le pistil entouré des filets des étamines qui s'insèrent à sa base.

Obs. Cette plante, quoique différente à quelques égards des deux espèces ou variétés d'AMPELODESMOS d'Europe, me paraît cependant mieux placée dans ce genre que parmi les DONAX. Elle se distingue des vrais AMPELODESMOS par la texture membraneuse des glumes et des balles, par la longue arête de la balle externe, et par la forme de ses stigmates; mais elle diffère aussi des DONAX par plusieurs de ces caractères, et en outre par la forme des balles et des écailles, qui sont au contraire tout-à-fait semblables dans cette plante et dans les AMPELODESMOS.

FESTUCA.

§ 1. *Fasciculi duo pilorum sub quoque flore inserti; palea exterior acuta, non aristata.* (An genus proprium?)

1. FESTUCA ALOPECURUS.

F. foliis distichis, flabellatis, basi latè vaginantibus, planis, mucronatis; paniculà contractà, oblongà; spiculis compressis,

imbricatis; pilorum fasciculis longis; floribus approximatis,
paleà exteriori acutá, muticà.

Arundo alopecurus, Gaudichaud; d'Urv., *Flor. des Malouines,*
p. 32.

Culmus erectus, simplex, bi-tripedalis. Folia ad basim culmi conferta,
disticha, erecta, subflabellata, paniculam subæquantia; vaginæ latæ,
patentes, culmum non amplexantes, carinatæ, a laminâ vix distinctæ,
nisi ligulâ et margine scariosà, glaberrimæ, striatæ; ligula membranacea,
ovata, subintegra; lamina subplana, tribus vel quatuor lineis lata, supernè scabra, linearis, apice mucronata, pungens. Panicula 4-6 pollicaris, ovato-fusiformis, contracta; spiculis compressis, imbricatis, albidis,
nitentibus.

Spiculæ compressæ, magnæ, subsexfloræ, nitidæ. Glumæ subæquales,
lanceolatæ, acutæ, carinatæ, carinâ margineque ciliatæ; inferior uninervia; superior trinervia, paululùm longior. Flores approximati, rachi
glabro. Pili tenuissimi, molles, paleis breviores, replicati, callo floris in
duobus fasciculis inserti, et circum florem involucrum subefformantes.
Paleæ inæquales : exterior longior lanceolata, acuta, trinervia, dorso
ciliata; interior lineari-lanceolata, acuta, integra, binervia, bicarinata,
carinis ciliatis. Squamulæ duæ membranaceæ, ovario longiores, ovatæ,
bilobæ, lobis acutis, inæqualibus. Stamina sæpiùs abortiva, squamulis vix
longiora; antheris minimis, ovato-oblongis. Ovarium obovato-turbinatum,
glabrum. Styli basi distincti, breves. Stigmata elongata, fibrillis raris,
elongatis.

Loc. : Les îles Malouines, dans les sables des bords de la
mer.

Obs. Cette plante et la suivante constituent une section particulière dans les Festuca, et se rapprochent par plusieurs caractères des Ampelodesmos : aussi MM. Gaudichaud et d'Urville
les avaient-ils considérées comme des Arundo. Cependant elles
ne diffèrent essentiellement des Festuca que par les deux petits

faisceaux de poils qui sont insérés au-dessous des fleurs sur le
pédicelle, l'un au-dessous de la bale externe, et l'autre du côté
opposé; mais ces poils mols, repliés, n'ont aucune analogie
avec les poils soyeux et roides des ARUNDO, des AMPELODESMOS
ou des DONAX. Ce léger caractère distinctif se retrouve même
dans quelques FESTUCA et POA d'Europe; et tous les autres caractères étant ceux des FESTUCA, nous avons cru devoir retirer
ces plantes des ARUNDO pour les placer dans ce genre. L'étude
de toutes les espèces de ce genre nombreux serait nécessaire
pour déterminer si ce caractère, combiné avec quelques autres
légères différences, suffit pour séparer ces plantes des FESTUCA
et en former un genre distinct.

2. FESTUCA ANTARCTICA.

F. foliis erectis, longè vaginantibus, angustis, linearibus,
rigidis, acutis; paniculâ contractâ, oblongâ; basi interruptâ;
spiculis compressis, patentibus; fasciculis pilorum raris, brevibus; paleâ exteriori acutâ, muticâ.

Arundo antarctica, D'URV., *Flor. des Malouines,* p. 32.

CULMI cœspitosi, erecti, pedales vel sesquipedales, cylindrici, rigidi.
FOLIA numerosa, culmum undiquè involventia, paniculam æquantia, glaberrima; vaginæ laminâ longiores, basi tantùm culmum amplexantes,
et margine scariosæ, supernè patentes, striatæ, carinatæ; ligulæ membranaceæ, oblongæ, integræ; laminæ angustæ, lineares, vix convolutæ,
rigidæ, apice acutæ, pungentes. PANICULA oblonga, contracta, basi interrupta; ramulis semiverticillatis, erectis, inæqualibus; spiculis compressis,
patentibus, villosis.

SPICULE sub 4-floræ, compressæ, glabræ, floribus distantibus, patentibus; rachi glabro; fasciculi duo pilorum tenuissimorum, mollium, re-
plicatorum, rachi inserti, alter sub paleâ exteriori, alter brevior, oppositus. GLUMÆ æquales, lanceolatæ, acutæ, carinatæ, carinâ apicem versùs

denticulatà; inferior uninervia; superior trinervia. Pale.e inæquales : exterior lanceolata, acuta, carinata, trinervia, carinâ denticulatâ; interior lineari-lanceolata, acuta, integra, binervia, bicarinata. Squamulæ duæ membranaceæ, basi crassiores, ovatæ, bifidæ; laciniis acutis, inæqualibus, interiori majori. Stamina tria, filamentis capillaribus, antheris oblongis. Pistillus nullus in pluribus speciminibus (planta dioica).

Loc. : Les iles Malouines.

§ 2. *Pili nulli ad basim cujusque floris; palea exterior acuta, non aristata.*

3. FESTUCA ARENARIA.

F. glaberrima, foliis convolutis, pungentibus, inferioribus æqualibus, patentibus, flabellatis; paniculâ contractâ, ramis distantibus, fastigiatis; spiculis compressis, subtrifloris; glumis æqualibus; paleis exterioribus acutis, muticis.

Festuca arenaria, Lamk., *Illustr. des genres*, I, p. 191. D'Urv., *Flor. des Malouines*, p. 32.

Rhizoma repens, cylindricum, leve. Culmi erecti, glaberrimi, pedales et sesquipedales, foliis, basi numerosioribus, omninò obtecti. Folia ad basim approximata, distichè et flabellatìm disposita, subæqualia, glaberrima; vaginæ inferiores patentes, membranaceæ, subscariosæ, levissimæ; superiores culmum involventes; ligula brevis, membranacea, truncata, fimbriata, et in margine vaginæ decurrens; laminæ culmo dimidio breviores, vaginæ subæquales, lineares, convolutæ, rigidæ, acutæ, submucronatæ, apiceque pungentes. Panicula vaginæ superiori approximata, subinclusa, quadripollicaris, glaberrima, flavescens, ramosa; ramis erectis, fastigiatis.

Spiculæ subtrifloræ, compressæ, floribus semipatentibus. Glumæ æquales, lanceolatæ, acuminatæ, carinatæ, margine ciliatæ, inferiori uninerviâ, superiori trinerviâ. Flores distantes, rachi glabro filiformi. Paleæ inæquales : inferior longior, lanceolata, trinervia, glaberrima; superior paululùm brevior, lanceolata, binervia, bicarinata, carinis ciliatis. Squamulæ duæ, membranaceæ, lanceolatæ, integræ, glabræ. Stamina, filamentis filiformibus, antheris oblongis. Ovarium oblongo-fusiforme, supernè in collo constrictum. Styli duo brevissimi. Stigmata plumosa, fibrillis simplicibus, raris, gracilibus.

Loc. : Dans les sables, sur les bords des torrents, aux îles Malouines.

Obs. Cette espèce ressemble beaucoup par son port, la forme de ses feuilles et de sa panicule au *Festuca arundinacea*, Decand. (*Flor. fr.,* n° 1580) : quelques-uns des caractères de la fleur sont même assez analogues ; mais les épillets de la plante de France sont composés d'un plus grand nombre de fleurs, de 5 à 6, les glumes sont très-inégales, et la bale externe est terminée par une arête courte, il est vrai, mais bien distincte : malgré ces différences, nous croyons que ces deux plantes doivent être placées très-près l'une de l'autre.

4. FESTUCA FLABELLATA.

F. foliis glaberrimis, convolutis, acutis, rigidis, inferioribus flabellatim distichis ; paniculâ, oblongâ, densâ, coarctatâ ; spiculis compressis, subquinquefloris ; glumis subæqualibus ; paleis inæqualibus, exteriore acuminatâ subaristatâ.

Festuca flabellata, Lamk., *Encycl. méth.* II, p. 462 ; d'Urv., *Fl. des Malouines,* p. 32.

Culmi cœspitosi, erecti, 4-6 pedales, compressi, glabri, supernè subnudi, infernè foliis involuti. Folia ad basim approximata, disticha, glaberrima ; vaginæ cylindricæ, striatæ ; ligula cuneata, membranacea, magna, lacerata ; laminæ lineari-subulatæ, convolutæ, acutæ, rigidæ. Panicula ovato-oblonga, contracta, densa ; ramis semi-verticillatis, erectis, brevibus ; spiculis compressis, confertis, imbricatis, flavescentibus, glabris.

Spiculæ compressæ, sub quinque-floræ, floribus patentibus. Glumæ floribus breviores, subæquales, acutæ, lanceolatæ, carinatæ; inferior uninervia; superior trinervia. Paleæ inæquales : exterior longior, oblonga, quinquenervia, acuminata, subaristata, carinata, dorso denticulata; interior binervia, bicarinata, carinis ciliatis. Squamulæ duæ, membranaceæ, lanceolatæ. Stamina tria, antheris lineari-oblongis. Ovarium oblongum, glabrum. Styli filiformes, basi approximati, distincti. Stigmata oblonga, subplumosa, fibrillis approximatis, subdistichis?

Loc. : Croît dans les îles Malouines, où elle forme de grosses touffes arrondies, particulièrement dans l'île des Pingouins.

§ 3. *Pili nulli ad basim cujusque floris. Palea exterior aristata.*

5. FESTUCA ERECTA, pl. VII.

F. foliis setaceis, erectis, glaberrimis, subpungentibus, paniculam subspicatam, fastigiatam, secundam æquantibus; spiculis ovato-lanceolatis, 3-4-floris; floribus erectis, approximatis; glumis paleisque inæqualibus; paleâ exteriore acuminatâ, breve aristatâ.

Festuca erecta, d'Urv., *Flor. des Malouines,* p. 31.

Culmi cœspitosi, erecti, rigidi, subpedales, vaginis foliorum tecti. Folia erecta, rigida, subpungentia, paniculam æquantia vel superantia; vaginæ scariosæ, convolutæ, laminâ latiores; ligulæ brevissimæ, membranaceæ, truncatæ; laminæ setaceæ, rigidæ, convolutæ, acutæ, glaberrimæ, margine subciliatæ. Panicula stricta, subspicata, secunda, ramulis brevibus erectis paucifloris, triangularibus, angulis ciliatis, spiculis superioribus subsessilibus.

Spiculæ 3-4-floræ, ovato-lanceolatæ, floribus imbricatis, erectis, non patentibus. Glumæ acutæ, lanceolatæ, carinatæ, inæquales, dorso ciliatæ : inferior uninervia; superior trinervia, paulò longior. Paleæ in-

æquales: exterior longior, lanceolata, acuminata, brevè aristata, quinquenervia, vix carinata, externè pubescens; interior lanceolata, integra,
binervia, bicarinata, compressa, carinis ciliatis. Squamulæ duæ, membranaceæ, ovato-cuneatæ, bilobæ. Stamina tria, antheris ovato-oblongis.
Ovarium obovatum, glabrum. Styli basi distantes, subulati. Stigmata
oblonga, fibrillis brevibus, sparsis.

Loc. : Très-commune dans les îles Malouines.

Planche VII. Plante de grandeur naturelle. Fig. 1, un équillet isolé grossi;
fig. 2, une fleur isolée dont les bales sont légèrement écartées; fig. 3, pistil entouré
des étamines et des écailles dans leur position naturelle.

6. FESTUCA MAGELLANICA.

F. foliis pubescentibus, setaceis, rigidis; paniculâ strictâ,
secundâ, subspicatâ; spiculis subquinquefloris; glumis subæqualibus; paleis patentibus, distantibus, aristatis, aristâ rectâ,
paleis breviore.

Festuca magellanica, Lamk., *Encycl.*, t. II, p. 461; d'Urv..
Flor. des Malouines, p. 31.

Culmi cœspitosi, erecti, 4-6 pollicares, foliis undiquè involuti. Folia
ad basim culmi conferta, erecta, culmo paulò breviora, pube brevi
cinerascente tecta; vaginæ inferiores laxæ, margine scariosæ, culmum
semi-involventes; superiores convolutæ; ligula membranacea, brevis, truncata, ciliata; laminæ angustæ, convolutæ, setaceæ, acutæ, rigidæ. Panicula vaginæ superiori semi-inclusa, stricta, secunda, subspicata, ramulis
brevibus, distantibus, paucifloris.

Spiculæ subquinquefloræ, compressæ, floribus distantibus, patentibus, rachi pubescente. Glumæ inæquales, lanceolatæ, acutæ, uninerviæ,
margine subciliatæ, inferiore paululùm breviore. Paleæ subæquales:
exterior ovato-lanceolata, acuta, quinquenervia, carinata, apice aristata,
aristâ paleâ breviori, ciliatâ, rectâ; interior binervia, compressa, margine
nervisque ciliatis. Squamulæ duæ, membranaceæ, profundè bifidæ, gla-

berrimæ. Stamina tria, antheris oblongis. Ovarium obovatum, glabrum. Styli basi distantes, breves. Stigmata oblonga, plumosa, fibrillis raris, tenuissimis, simplicibus.

Loc. : Fréquente aux îles Malouines.

7. FESTUCA BROMOIDES.

Festuca bromoides, Linn., *Spec. Pl.*, 110; Lamk., *Illust.*, tab. 55, fig. 4.

Loc. : Iles Malouines sur le bord de la mer.

Obs. Cette plante est parfaitement identique avec les échantillons d'Europe.

GLYCERIA. R. Br.

1. GLYCERIA FLUITANS.

Glyceria fluitans, R. Brown, *Prodr.* p. 179.
Festuca fluitans, Linn.; *Poa fluitans*, Decand., *Fl. fr.*, t. III. p. 57.

Loc. : La Conception au Chili.

Obs. Le seul échantillon de cette plante rapporté du Chili ne diffère nullement de ceux qui croissent en Europe, avec lesquels je l'ai comparé.

POA. Linn.

1. POA THALASSICA.

P. culmis ramosis, prostratis, repentibus; foliis planis, brevibus, acutis, pungentibus, margine scabris, distichis; paniculâ coarctatá, ovatá, densá; spiculis imbricatis, oblongis, compressis, subdecemfloris, dioicis; glumis paleisque exterioribus glabris, acutis, coriaceis, externè striatis, trinerviis.

Poa thalassica, KUNTH, *Nov. Gen.*, I, p. 157.

Loc. : La Conception au Chili; Payta au Pérou.

2. POA PROSTRATA.

P. culmis ramosis, prostratis, repentibus; foliis distichis, lineari-setaceis, convolutis, pungentibus, externè vaginisque pilosiusculis; spiculis subquaternis, alternis, approximatis, erectis, oblongo-lanceolatis, suboctofloris; floribus dioicis; glumis paleisque glabris, acutiusculis; paleá exteriori striatá tri-quinquenerviá.

Poa prostrata, KUNTH, *Nov. Gen.*, I, p. 157.

Loc. : La Conception au Chili.

Obs. J'ai rapporté cette plante au *P. prostrata,* quoiqu'elle paraisse en différer par quelques caractères, ainsi qu'on peut le voir en comparant la description précédente avec celle des *Nova Genera plantarum orbis novi ;* mais elle me semble devoir seulement constituer une variété de cette espèce. La différence la plus notable consiste dans les feuilles convolutées et dans les bales externes à trois ou cinq nervures, et non pas à neuf, comme M. Kunth l'indique dans sa description; et, à cet égard, je dois faire remarquer que cette bale présente extérieurement des stries assez distinctes, qu'on peut prendre pour des nervures, mais que, vue par transparence, elle n'offre que trois nervures bien nettes et deux moins marquées.

3. POA UNIOLOIDES.

P. culmo simplici, erecto, nodisque glabris; foliis distantibus, linearibus, acuminatis, planis, glabris; paniculà pauciflorà; ramis alternis, patulis, distantibus, brevibus, rigidis; spiculis compressis, ovato-lanceolatis, inferioribus paucifloris, superioribus subdecemfloris, paleis exterioribus trinerviis.

Poa unioloides? Retzius, *Obs.* V, p. 19.

Culmus simplex, erectus, lævis, foliis abortivis basi squamatus, nodis fuscis glabris. Folia pauca, distantia, erecta, glaberrima; vaginà cylindricà, striatà; ligulà, subpilosà; laminà lineari, planà, subulatà. Panicula erecta, ramis alternis, distantibus, brevibus, patentibus, spiculis subsessilibus, approximatis, glabris; inferioribus paucifloris (4-5 floris); superioribus compressis, ovato-lanceolatis, 8-10 floris, floribus imbricatis. Glumæ inæquales, uninerviæ, lanceolatæ, acutæ, carinatæ, dorso denticulatæ. Paleæ æquales; exterior ovata, acuta, trinervia; interior oblonga, binervia, bicarinata, carinis denticulatis. Squamulæ duæ, cuneatæ, truncatæ, carnoso-membranaceæ. Stamina tria, antheris ovatooblongis. Ovarium obovatum, læve. Styli è basi divergentes, filiformes. Stigmata fibrillis raris, simplicibus, fastigiatis.

Loc. : Bourou, une des îles Moluques.

Obs. Il est presque impossible, d'après la description incomplète de Retzius, d'être certain que la plante que je viens de décrire est son *Poa unioloides.* Cependant le peu de caractères qu'il indique peut convenir à notre plante, et particulièrement la différence de nombre des fleurs des épillets inférieurs et supérieurs.

4. POA RUBENS.

P. culmo ramoso, ascendente, nodisque glaberrimis; foliis planis, lineari-lanceolatis, nervosis, pilosiusculis; paniculà erectâ, ovatâ; ramulis patentibus brevibus; spiculis glabris, multifloris (6-24 floris), compressis, ovato-oblongis; floribus rachi subperpendicularibus, paleis exterioribus trinerviis caducis.

Poa rubens, Lamk., *Illustr.,* I, p. 184, tab. 45, fig. 2; Poiret, *Encycl. meth.,* V, p. 84; non Willd.

An *Poa amabilis* Linn., *Flor. Zeyl.,* 46?

Culmus ascendens, basi repens radicans, glaberrimus, compressus, nodis fuscis nitidis. Folia lætè virentia, vaginis fissis, inferioribus inflatis, superioribus cylindricis, striatis; ligulâ pilosâ; laminâ planâ, quatuor lineis latâ, lineari-lanceolatâ, brevi, pilosiusculâ, striatâ; nervis æqualibus, valdè notatis. Panicula erecta, pedunculata, bi-tripollicaris, subovata, ramulis brevibus, flexuosis, patentibus.

Spiculæ compressæ, ovatæ vel ovato-oblongæ, obtusæ, glabræ, inferioribus paucifloris (6-8), superioribus multifloris (18-24); floribus imbricatis, rachi subperpendicularibus. Glumæ inæquales, inferiore breviore, uninerviæ carinatæ. Paleæ æquales : exterior ovata, acuta, cymbiformis, carinata, membranacea, trinervia, nervis valdè notatis, caduca; interior ovata, compressa, bicarinata, carinis ciliatis. Squamulæ duæ, minimæ, truncatæ; caryopsis obovata, lævis.

Loc. : Amboine, dans les Moluques.

5. POA PURPURASCENS.

P. culmo compresso, nodisque glaberrimis; foliis linearisubulatis, convolutis, erectis, rigidis; vaginis striatis, fauce pilosis; paniculâ amplâ, laxâ, patulâ, pedicellis capillaribus; spiculis subduodecimfloris lineari-lanceolatis, paleis exterioribus trinerviis.

Eragostris purpurascens, Spreng; Link, *Hort. berol.* I, p. 190; Nèes, *Agrost. bras.,* p. 506.

Culmus tripedalis, ascendens, lævis, compressus, ad nodos geniculatus, supernè nudus. Folia glaberrima, convoluta, lineari-subulata, ri-

gida, margine ad basim piloso; vaginæ internodis breviores, striatæ;
ligula brevissima, truncata, fimbriata. PANICULA glaberrima, ampla,
semipedalis, patula; ramis alternis, solitariis, ramosis, filiformibus,
scabris.

SPICULÆ lineari-lanceolatæ, compressæ, atro-virentes, multifloræ
(10-16 floræ), floribus approximatis, imbricatis, obliquis. GLUMÆ inæquales, carinatæ, acutæ. PALEÆ subæquales: exterior ovata, subacuta,
trinervia, nerviis valdè notatis, carinâ denticulatâ; interior ovata, obtusa, complicata, binervia, bicarinata, carinis ciliatis. SQUAMULÆ breves,
truncatæ, carnosæ. STAMINA tria, antheris ovatis. CARYOPSIS elliptica,
lævis, fusca, non sulcata nec raphe notata.

Loc. : L'île Sainte-Catherine, près la côte du Brésil.

Obs. Cette plante me paraît différer du *Poa eragrostis* d'Europe par sa panicule très-lâche à rameaux longs et grêles,
portant des épillets peu nombreux, plus larges et plus courts
que ceux du *P. eragrostis*, à fleurs exactement imbriquées, et
dont la balle externe n'offre pas des nervures latérales aussi
marquées que dans cette espèce; les feuilles sont plus longues,
enroulées et presque filiformes; les mêmes caractères et surtout la forme des épillets la distingue du *Poa pilosa* qui a des
épillets linéaires à fleurs assez éloignées; par la forme de ses
épillets et de ses feuilles cette plante se rapproche du *Poa
squamata* Lamk., également du Brésil; mais dans cette espèce
la panicule est oblongue, à rameaux courts et nombreux, et la
plupart des épillets sont à fleurs beaucoup plus nombreuses.

6. POA CAPILLARIS.

P. culmo erecto, glabro; foliis lineari-lanceolatis, vaginisque
pilosis; paniculâ amplâ, patulâ, glaberrimâ; ramulis capillaribus rigidis, erectiusculis; spiculis ovato-oblongis, vix compressis, subquinquefloris; paleis exterioribus ovatis, acutiusculis, trinerviis, carinatis.

Poa capillaris, Linn., *Spec. plant.* 100; Willd., *Spec. plant.* I,
p. 394.

Loc. : La Concepcion, au Chili.

7. POA TENELLA.

P. culmo ramoso, glabro, geniculato; foliis lineari-lanceolatis, acuminatis, glabris, ad faucem pilosis; paniculâ oblongâ,
ramis subverticillatis, patentibus; spiculis subsexfloris, minutissimis, divaricatis; paleis exterioribus trinerviis, margine
ciliatis.

Poa tenella, Linn., *Spec. plant.* 101; Willd., *Spec. plant.* I,
p. 395.
Gramen paniculatum, locustis tenuissimis, subrotundis, Burm.,
Thes. zeyl., 110, tab. 47, fig. 3.
Gramen fumi, Rumph., *Herb. amb.,* VI, tab. 4, fig. 3.

Loc. : L'île Bourou, l'une des Moluques.

8. POA ALPINA.

Poa alpina, Linn., *Spec.* 99; *Engl. bot.,* tab. 1003.
Poa compressa, d'Urv., *Flor. des Malouines,* p. 30; non Linn.

Loc : Iles Malouines.

9. POA ANNUA.

Poa annua, Linn. *Spec.,* p. 99; d'Urv., *Flor. des Mal.,* p. 30.

Loc. : Fréquent autour des anciennes habitations, aux îles
Malouines.

CENTOTHECA. Desv.

1. CENTOTHECA LAPPACEA.

Centotheca lappacea, Desv., *Journ. bot.,* 1813, p. 70; Beauv.,

Agrost., p. 69, tab. 14, fig. 7 ; KUNTH., *Révis. des Gram.*, p. 317, tab. 70.

Cenchrus lappaceus, LINN., *Spec.*, 1488 ; WILLD., *Spec. plant.*, I, p. 316.

Loc. : Amboine et Bourou dans les Moluques ; havre d'Offack à l'île Waigiou, l'une des îles des Papous ; Taïti, archipel de la Société ; Oualan, îles Carolines.

Obs. D'après le nombre des localités où cette plante a été recueillie par MM. d'Urville et Lesson, il paraît qu'elle est extrêmement répandue dans les îles du grand Océan ; l'excellente description qu'en a donnée M. Kunth, dans l'ouvrage cité ci-dessus, rend inutile une nouvelle description de cette plante.

BROMUS. LINN.

I. BROMUS STRICTUS.

B. culmo paniculâque strictis ; foliis planis asperis, vaginis (præsertim inferioribus) valdè pilosis, ligulâ oblongâ, truncatâ ; paniculâ contractâ, ramis alternis solitariis vel geminis ; spiculis solitariis vel in ramis inferioribus paucis alternis subsessilibus, lanceolatis, compressis ; glumis paleisque inferioribus 7-9 nerviis acutis, paleis apice brevissimè aristatis, glumas duplò superantibus.

RADIX fibrosa. CULMUS sesquipedalis, erectus, vaginis foliorum involutus. FOLIA inferiora longiora, vaginis brevioribus valdè pilosis ; limbo pilosiusculo vel margine ciliolato, plano, lineari, obtuso ; ligulâ oblongâ, truncatâ, integrâ, membranaceâ. PANICULA erecta, ramis strictis ; superioribus brevissimis, alternis, unifloris, inferioribus geminatis, longioribus, inæqualibus, multifloris ; spiculis alternis, subsessilibus.

SPICULÆ lanceolatæ, 8-9 lineas longitudine æquantes, compressæ, glabræ et subasperæ, cinerascentes, 3-4 floræ. GLUMÆ subinæquales, spiculâ dimidio breviores, sub 7-nerviis, acutæ, dorso ciliolatæ, margine membranaceæ integerrimæ. PALEA inferior, 8 lin. longa, lanceolata, carinata, 7-9 nervia, acuta et apice in aristam brevissimam denticulatam desinens, margine scariosa, integerrima. Palea superior, inferiore triplò brevior, lanceolata, subtruncata, complanata, binervia, nervis lateralibus, rigidis, carinatis, ciliatis. Squamulæ duæ, breves, basi subcarnosæ, cuneatæ, obliquè truncatæ. Stamina tria brevia, paleam superiorem paululùm excedentia, antheris oblongis, parvis. Ovarium oblongum, paleam superiorem æquans, apice hirsutum, pilis longis, rigidis. Stigmata duo subdisticha, basi distantia, infrà apicem ovarii inserta, ovarioque duplò breviora.

Loc. : Ile Sainte-Catherine, près la côte du Brésil.

Obs. Cette plante a des rapports très-marqués avec celle que M. Nèes d'Esenbeck a décrite sous le nom de *Festuca fimbriata*[1], et qui croit aux environs de Monte-Video. Ce savant doute en effet si cette plante, dont il n'a pu observer que des échantillons imparfaitement développés, n'est pas un *Bromus* plutòt qu'un *Festuca;* la forme de l'ovaire, les poils qui le surmontent, l'insertion et la forme des stigmates, ne laissent pas de doute sur la position de notre espèce dans le genre *Bromus.* Le *Festuca fimbriata* me paraît différer en outre de l'espèce que nous décrivons par ses feuilles dont les gaines sont glabres, dont la ligule est fimbriée et très-courte, et le limbe plus large et lancéolé; par sa panicule penchée, par ses épillets qui n'ont que cinq lignes de long, tandis que ceux de notre plante en ont au moins huit.

2. BROMUS MOLLIS.

Bromus mollis, Linn.; Host., *Gram.,* I, p. 16, tab. 19; Nèes, *Agr. bras.,* p. 468.

Loc. : La Concepcion, au Chili.

Obs. Les échantillons s'accordent très-bien avec ceux d'Europe; ils sont en général un peu plus élevés.

[1] *Agrostographia brasiliensis*, p. 472.

3. BROMUS UNIOLOIDES.

Bromus unioloides, Kunth, *Nov. gen. et Spec.,* I, p. 151; Nèes,
Agr. bras., 470.

Ceratochloa unioloides, Decand., *Catal. hort. monsp.,* 1813,
p. 92.

Loc. : Dans l'île Sainte-Catherine, sur la côte du Brésil.

DACTYLOCTENIUM. Willd.

1. DACTYLOCTENIUM ÆGYPTIACUM.

D. culmo geniculato, compresso, foliis undulatis, linearibus,
inferiùs asperis, margine longè ciliatis; spicis quinis patentibus,
digitatis, rigidis, apice in mucronem brevem nudum desinentibus; glumæ superioris, extrorsùm versæ, aristà glumam
æquante; paleis exterioribus acutis, mucronatis, non aristatis.

Cynosurus ægyptius, Linn., *Spec.,* 106.
Eleusine ægyptiaca, Pers., *Syn.,* 1, 87.
Dactyloctenium ægyptiacum, Willd., *Enum.,* 1029; Link.,
Hort. Berol., I, 59.

Loc. : Bourou, dans les Moluques.

ELEUSINE. Gærtn.

1. ELEUSINE INDICA.

E. culmo compresso, basi repente, ramoso, vaginis ore sæpiùsque margine villosis, spicis 3-5 digitatis, strictis, vel
rariùs solitariis vel geminis; spiculis 4-6 floris, paleis externis
lanceolatis, carinatis, dorso denticulatis; pericarpio oblongo-
trigono, semine transversè rugoso.

Eleusine indica, Gærtn., *de fruct.*, I, p. 8 ; Willd., *Enumer.*, p. 113 ; Link., *Hort. Berol.*, I, 60 ; Kunth, *Nov. gen.*, I, p. 135 ; Nèes, *Agr. bras.*, p. 439.

Cynosurus indicus, Linn., *Spec. pl.*, I, p. 106.

Var. α, spicis geminatis vel 3-5 digitatis, culmo geniculato, ramoso.
Var. β, spicis solitariis, culmo simplici, erecto.

Loc. : Var. α, île Sainte-Catherine, au Brésil ; Amboine, dans les Moluques ; Borabora et Taïti, archipel de la Société ; Oualan, l'une des îles Carolines.

Var. β, île de Taïti.

LEPTOCHLOA. Beauv.

1. LEPTOCHLOA PROCERA.

L. vaginis foliisque glabris, asperis, ligulâ membranaceâ, oblongâ ; paniculâ laxiusculâ, ramulis virgatis ; spiculis subsessilibus, 3-5 floris, glumis inæqualibus, paleâ inferiore obtusâ, subtruncatâ, muticâ, vel brevissimè mucronatâ.

Var. α, *major,* caule frutescente, foliis maximis fasciatis, planis.

Leptochloa procera, Nèes, *Agrost. bras.*, p. 431.

Var. β, *minor,* caule vix pedali (an planta junior ?), foliis angustis, rigidis, convolutis.

Loc. : Var. β, environs de Lima.

Obs. A l'exception de la grandeur des feuilles et de la tige, la description détaillée que M. Nèes donne de cette espèce, convient si bien à notre plante, que nous ne pouvons la considérer que comme une variété ou un individu jeune.

Le genre *Leptochloa* diffère à peine des *Eleusine,* surtout si on y admet les espèces dont les balles, comme celles de cette espèce, n'ont pas d'arêtes ; les épillets portés sur un court pé-

dicelle, non comprimés, presque cylindriques, la petitesse de
la balle supérieure, si elle est constante, et le mode d'inflorescence, seraient alors les seuls caractères, et il est certain que
ce dernier donne à ces plantes un aspect très-différent des
Eleusine.

LOPHATHERUM.

Spiculæ multifloræ, flore inferiore fertili, bipaleaceà,
superioribus neutris. Glumæ inæquales, exteriore breviore, obtusæ, 5-7-nerviæ. Flosculus inferior fertilis,
sessilis; palea exterior ovato-oblonga, glumis longior,
convoluta, 7-nervia, apice in aristà brevi rectà, rigidà,
desinens; interior angusta, oblonga, obtusa, binervia,
nervis marginalibus. Squamulæ duæ, membranaceæ,
breves, truncatæ, venosæ; Stamina 3; Ovarium acuminatum, glabrum; Styli duo filiformes; Stigmata......
Flosculi superiores pedicellati, steriles, subunipalea-
cei, unilaterales, absque rudimento staminum vel
pistilli; palea externa ovato-oblonga, 7-nervia, apice
aristata, aristà rigidà, rectà; palea interior binervia,
exteriore brevior, membranacea, in floribus superioribus subabortiva. Aristæ penicellatæ et, apice spiculæ incurvato, radiantes.

*Gramen foliis lanceolatis, limbo petiolato, ligulà brevis-
simá pilosá, vaginá patente; paniculá ramulis alternis
simplicibus, distantibus, spiculis sessilibus, subunilatera-
libus.*

1. LOPHATHERUM GRACILE.

L. paniculâ glaberrimâ, gracili, longè stipitatâ, ramulis simplicibus distantibus; spiculis approximatis, sessilibus, lanceolatis, aristis spiculâ duplò brevioribus, uno latere versis;
foliis vaginâ patente glabrâ, limbo lanceolato acuto, basi in
petiolo angustato, paginâ superiore pubescente.

Culmus bipedalis (et forsàn ultra; pars inferior, radicalis, in specimine
nostro unico deest), erectus, simplex, glaberrimus; nodis infernè approximatis, supernè distantibus. Folia, vaginis glabris, inferioribus patentibus, limbo brevioribus, superioribus longioribus, culmum amplexantibus; ligulâ brevissimâ, pilosâ; limbo lanceolato, acuto, striato, uninervio,
supernè pubescente, basi in petiolo brevi (6 lineis longo), contracto.
Panicula culmo supernè nudo gracili stipitata, ramulis alternis simplicibus, distantibus, inferioribus longioribus remotioribus. Spiculæ
sessiles, approximatæ, uno latere ramulorum biserialiter insertæ, lanceolatæ, non compressæ, glumis paleisque externis convolutis, obtusis,
uno latere imbricatis, supernè aristis palearum superiorum fasciculatis et radiantibus, coronatæ; aristis spiculâ duplò brevioribus. Glumæ
duæ inæquales, ovato-oblongæ, concavæ, obtusæ, 5-7 nerviæ, spiculâ
duplò breviores. Flosculus inferior hermaphroditus, fertilis, bipaleaceus,
glumis longior, paleâ exteriore 7-nerviâ, oblongâ, convolutâ, apice in
aristâ brevi rectâ rigidâ desinente; interiori angustâ oblongo-lineari,
membranaceâ, ad marginem binerviâ, superiùs obtusâ, integrâ vel
emarginato-erosâ. Squamulæ duæ membranaceæ, truncatæ, subquadratæ, margine sinuosæ, venosæ. Stamina 3, filamentis capillaribus. Ovarium ovatum, acuminatum. Styli duo filiformes (Stigmata et Antheræ
decidua).

Flosculi superiores neutri, omninò vacui, ab inferiore distantes, bipa-
leacei; paleis exterioribus ovato-oblongis, 7-nerviis, uno latere insertis,
imbricatis, apice aristatis, aristis rectis rigidis, racheos apice arcuato,
radiantibus; paleis interioribus membranaceis, binerviis, exterioribus
brevioribus, in floribus superioribus abortivis.

Loc. : Amboine, dans les Moluques.

Obs. Ce nouveau genre doit être placé près de l'ECTROSIA de M. Brown, dont il se rapproche par les caractères les plus essentiels. En effet, dans ce genre, comme dans le LOPHATHERUM, la fleur inférieure seule est fertile ; les supérieures, au nombre de 4 à 6, sont stériles et longuement aristées ; mais ces fleurs sont distiques, éloignées, étalées, et la balle externe de la fleur inférieure n'est qu'à trois nervures, tandis que toutes celles du LOPHATHERUM sont à 7 nervures ; ce caractère, joint à la disposition particulière des fleurs stériles et de leurs arêtes, caractérise suffisamment ce nouveau genre.

PLANCHE VIII. Plante de grandeur naturelle. Fig. 1, épillet entier ; fig. 2, glume externe ; fig. 3, glume intérieure ; fig. 4, épillet dépouillé de ses glumes, et dont la fleur inférieure a été légèrement écartée des autres artificiellement ; fig. 5, balle interne ; fig. 6, ovaire surmonté de la base des styles, et entouré par les filets des étamines et par les écailles ; fig. 7, les deux écailles un peu adhérentes par leur base ; fig. 8, une des balles externes des fleurs supérieures stériles.

CHLORIS. SWARTZ.

1. CHLORIS RADIATA.

C. culmo geniculato, compressiusculo ; foliis linearibus, planis, acutis, margine denticulatis, superiusque pilosiusculis ; spicis numerosis (12-15), fasciculatis, erectiusculis ; spiculis imbricatis, bifloris, glumis inæqualibus, patentibus, acutis, muticis ; flosculi inferioris paleâ exteriore lanceolatâ, trinerviâ, longè aristatâ, nervis lateralibus apicem versùs longè ciliatis, aristâ paleâ subtriplò longiore ; flosculo superiore minimo pedicillato, aristato, aristâ breviore.

Chloris radiata, SWARTZ, *Fl. Ind. occ.,* I, p. 201.

Loc. : Environs de Lima, au Pérou.

2. CHLORIS PYCHNOTRIX.

C. culmo basi repente, compresso, ancipite, supernè nudo; foliis planis, obtusis, asperis, glabris, ore vaginarum barbatis; spicis digitatis 6-7, maturis patulis; spiculis imbricatis; glumis lanceolatis, acuminatis, subbrevè aristatis, superiore duplò longiore; flosculi hermaphroditi paleâ exteriore lanceolatâ, vix margine ciliatâ, aristatâ; aristâ sexies paleâ longiore; flosculi superioris rudimento minimo, aristato, aristâ florem inferiorem vix æquante.

Chloris pychnothrix, TRIN., *Gram. unifl. et sesquifl.*, p. 234; NÈES, *Agr. bras.*, p. 423.

Chloris radiata, RADDI, *Agr. bras.*, p. 52 (excl. synon.).

Loc. : Ile Sainte-Catherine, sur la côte dü Brésil.

Obs. La plante dont M. d'Urville a rapporté un échantillon de cette localité convient bien à la plus grande partie de la description donnée par M. Nèes, dans l'ouvrage cité ci-dessus; elle en diffère seulement par la longueur des arêtes; celle de la glume interne est presque nulle; la glume est seulement très-aiguë; celle de la balle de la fleur inférieure n'est que 6 fois et non 8 fois aussi longue que cette balle, et n'a que 5 à 6 lignes de long au lieu de 7 à 8; enfin celle de la fleur stérile n'a guère qu'une ligne de long au lieu de 2 à 4 lignes que présentait celle de la plante décrite par M. Nèes. Mais ces légères différences suffisent-elles pour distinguer ces deux plantes comme deux espèces? c'est ce que je ne pense pas, tout le reste de leur description s'accordant parfaitement.

CYNODON. Rich.

1. CYNODON DACTYLON.

C. culmis repentibus, subcompressis; foliis distichis, glaucis, acutis, basi ligulâque ciliatis; spicis digitatis, quaternis quinisve; spiculis unilateralibus, alternis; glumis lanceolatis, carinatis, acutis, paleis brevioribus, inferiore superiorem non æquante; paleâ inferiore complicatâ, ovatâ, dorso ciliatâ, vel ciliato-villosâ, obtusâ, muticâ, vel infrà apicem aristâ brevi prædità.

Cynodon Dactylon, Rich., *in Pers. syn.,* I, p. 85; Dec. et Dub., *Bot. gall.,* I, p. 501 ; Kunth, *Rev. gram.,* p. 87.
Cynodon dactylon et *C. maritimum,* Kunth, *Syn. pl. orb. nov.,* I, 230.
Cynodon maritimus, Nèes, *Agrost. bras.,* p. 425.

Var. α, paleâ inferiore dorso villoso-ciliatâ, brevissimè aristatâ, spiculis pallidè violaceis.
Cynodon dactylon, Kunth, *syn.* I, p. 130.
Var. β, paleâ inferiore obtusâ, muticâ, dorso subglabrà, vix pilosâ, spicis violaceo-purpureis, foliis pilosis.
Var. γ, Paleâ acutiusculà, muticâ, dorso vix ciliatâ, spicis flavescentibus.
Var. δ, paleâ acutiusculà, muticâ, dorso villosâ, spicis flavescentibus, spiculis approximatis, densè imbricatis.
Cynodon maritimum, Kunth, l. c.

Loc. : Var. α, sur les bords de la mer, en Italie; var. β, sur les côtes occidentales de France et à la Nouvelle-Hollande, près le Port-Jackson; var. γ à l'île Sainte-Catherine, au Brésil, et à l'île de Taïti; var. δ, environs de Payta, sur la côte du Pérou.

Obs. Les légers caractères qui distinguent ces variétés ne me paraissent pas suffisants pour en faire des espèces. Si on considérait l'absence ou la présence de la petite arête comme suffisante pour distinguer la première variété des trois autres, le *Cynodon maritimum* serait alors beaucoup plus fréquent en Europe que le *C. Dactylon*.

HORDEUM. Linn.

1. HORDEUM CHILENSE.

H. spicis cylindricis, gracilibus, glumis subulatis, subæqualibus, scabris; flosculorum lateralium glumâ interiore basi lanceolatâ, non membranaceâ; flosculis lateralibus pedicellatis, neutris, parvis, univalvibus, paleâ exteriore muticâ; flosculo medio fertili, paleâ exteriore lanceolatâ, apice subulato-aristatâ, aristâ glumas æquante; foliis brevibus subulato-lanceolatis, erectis, apice convolutis, glaberrimis.

Culmus ascendens, basi geniculatus, tenuis, pedalis et ultrà. Folia disticha, brevia, glaberrima, vaginâ internodos æquante, striatâ non asperâ; ligula brevis, membranacea, truncata; lamina subulata, plana, apice convoluta, rigida, subpungens; folia superiora laminâ brevissimâ, vaginâ contrà longiore, culmum usquè ad basim spicæ amplexante. Spica cylindrica, bi-tripollicaris, gracilis, aristis filiformibus, spicâ multò brevioribus, undiquè hirta. Spiculæ ternæ: intermedia sessilis fertilis; laterales pedicellatæ, abortivæ, neutræ, pedicellis e basi spiculæ intermediæ nascentibus.

Glumæ æquales: spiculæ mediæ subulato-filiformes, complanatæ, margine scabræ; spicularum lateralium dissimiles: exterior (respectu spiculæ mediæ) subfiliformis; interior basi lanceolata, apice subulato-filiformis.

Flores laterales, supra glumas pedicellati, univalves; valvula convoluta, vacua, mutica, acutiuscula, flosculo fertili duplò brevior.

Flos medius : Palea exterior lævissima, convoluta, lanceolata, acuminata, trinervia, nervis vix distinctis, apice in aristam subulatam desinens, glumis æqualem. Palea interior convoluta, oblonga, obtusa, binervia, exteriore brevior. Squamulæ duæ, membranaceæ, ovatæ, bilobæ, margine ciliatæ. Stamina tria, antheris ovato-oblongis. Ovarium oblongum, inferiùs angustatum, supernè villosum compressum cellulosum bicorne. Stigmata duo, angulis ovarii affixa, brevia, longè fibrillosa.

Loc. : Près de la ville de la Concepcion, au Chili.

Obs. Cette plante se rapproche particulièrement de l'*Hordeum maritimum* et de l'*Hordeum secalinum ;* elle diffère du premier, soit des échantillons d'Europe soit de ceux du Brésil décrits par M. Nées d'Esenbeck, 1° par son épi cylindrique, étroit, grèle, formé d'épillets dont les arètes sont beaucoup plus courtes et plus fines par rapport à la longueur de l'épi; 2° par la consistance beaucoup moins roide de toutes les parties des épillets, et surtout des glumes; 3° par les fleurs latérales qui n'ont que la balle externe qui est tout-à-fait mutique, tandis que dans l'*Hordeum maritimum* les deux valves existent, et l'externe se termine par une arète courte ; enfin, par l'égalité de longueur des six glumes appartenant aux trois épillets, tandis que dans l'espèce que je viens de citer celles de la fleur moyenne sont beaucoup plus courtes.

L'*Hordeum secalinum* diffère de cette espèce par la balle externe des fleurs latérales terminées en une courte arète, et par les glumes de ces mêmes fleurs qui sont toutes les deux filiformes. Mais il s'en rapproche beaucoup par le port et par plusieurs caractères, et peut-être ne doit-on considérer ces deux formes que comme des variétés.

2. HORDEUM MURINUM.

Hordeum murinum, Linn.; Host, *Gram.*, I, tab. 32.

Var. chilensis. Spicâ breviore subovatâ, spiculis rigidioribus, aristis brevioribus, aristâ paleæ spiculæ mediæ lateralibus breviore vel sub-æquali

Loc. : La Concepcion, au Chili.

Obs. Cette variété diffère de l'*Hordeum murinum* d'Europe par son épi plus court et plus dur, et surtout par l'arête de la balle de la fleur moyenne qui est plus courte que celles des fleurs latérales, tandis que dans la plante d'Europe elle est beaucoup plus longue. Est-ce une simple variété ou une espèce ?

TRITICUM. Linn.

1. TRITICUM REPENS.

Var. pungens, spicâ subdistichâ, glumis subacuminatis, paleis externis acutis.

Triticum pungens, Pers., *Syn.,* I, p. 109.
Triticum glaucum? d'Urv., *Flor. des Malouines,* p. 31.

Loc. : Commun aux îles Malouines dans les lieux sablonneux.

LOLIUM. Linn.

1. LOLIUM TEMULENTUM.

L. spiculis 4-6 floris, glumam subæquantibus; paleis exterioribus aristatis, aristis paleâ sublongioribus; culmo ramoso superne foliisque scabris.

Lolium temulentum, Linn.; Nèes ab Esenbeck, *Agrost. bras.,* p. 444.

Loc. : La Concepcion, au Chili.

Obs. Les échantillons de cette localité ne diffèrent de ceux
d'Europe que j'ai pu leur comparer que par leur chaume
rameux supérieurement, et portant ainsi 4 à 5 épis.

2. LOLIUM PERENNE.

L. spiculis multifloris (10-12), compressis, glumâ duplò longioribus; paleis externis muticis, obtusis, margine et apice
scariosis, culmo lævi.

Lolium perenne, Linn. *Spec. pl.*, p. 122.

Loc. : Iles Malouines.

LEPTURUS. R. Brown.

Spica subtretragona articulata. Spiculæ in quolibet
articulo solitariæ, alternæ, excavationibus racheós immersæ, glumàque longiore unicâ coriaceâ, rachi oppositâ, tectæ, bifloræ; flosculo inferiore hermaphrodito
bivalvi, rachi applicato; superiore pedicellato univalvi
neutro, glumæ adpresso. Paleæ flosculi hermaphroditi
subæquales, glumâ breviores, membranaceæ; inferior
trinervia; superior binervia. Squamulæ duæ subtruncatæ.
Stamina tria. Ovarium obovatum, glabrum. Styli basi
distantes. Stigmata elongata plumosa.

1. LEPTURUS REPENS, Pl. XVI.

L. culmo repente, surculis simplicibus vel ramosis, ascendentibus, glaberrimis; foliis distichis, strictis, brevibus, lineari-subulatis, acutis; vaginis adpressis, ore barbatis; spicis pedunculatis,
subbipollicaribus, glaberrimis; glumâ oblongâ, acuminato-subulatâ, setigerâ; setâ glumam articulosque racheos æquante.

Lepturus repens, R. Br. *Prod. Flor. Nov.-Holl.*, p. 207;
Kunth, *Rev. Gram.* 152.

Rottbœllia repens, Forst., *Prod.,* n° 151.

Culmus glaberrimus, compressiusculus, vel repens geniculatus, è nodis geniculatis radices numerosas surculosque simplices proferens, vel obliquè ascendens, ramosus, non radicans. Folia lineari-lanceolata, apice subulata, plana vel margine convoluta, glaberrima; vaginis inferioribus scariosis, carinatis, subpatentibus; superioribus culmum involventibus, longioribus, striatis, ad orem pilosiusculis. Spica simplex, terminalis, pedunculo magis minusve elongato suffulta, bipollicaris; rachi tetragonâ sinuosâ articulatâ, alternatim lateribus oppositis excavatâ. Spiculæ distichæ, alternæ, solitariæ in quolibet articulo, excavationibus racheos immersæ, bifloræ. Gluma unica, crassa, coriacea, nervosa, planiuscula, oblonga, apice subulato-setigera; parte inferiore oblongâ, excavationem racheos flosculosque tegente, rachi adpressâ; parte superiore subulatâ et in setâ articulo æquali desinente, patente. Flosculus inferior hermaphroditus, bivalvis, rachi applicatus glumæque oppositus, sessilis. Paleæ membranaceæ, subæquales; inferior, rachi adpressa, lanceolata, acuta, trinervia; superior binervia, nervis pubescentibus. Squamulæ duæ oblongæ, truncatæ. Stamina tria, filamentis stipiti ovarii insertis. Ovarium obovato-turbinatum, glabrum. Styli basi disjuncti, incrassati. Stigmata elongata, angusta, fibrillis brevibus, simplicibus, subdistichis. Flosculus superior inferiore brevior, pedicellatus, univalvis; paleâ exteriore solâ, glumæ adpressâ, lanceolatâ.

Loc. : Borabora, l'une des îles de la Société; Oualan, dans l'archipel des Carolines.

Planche XVI. Fig. 1, deux articles de l'épi grossis; fig. 2, l'épillet dépouillé de la glume, vu par son côté externe; fig. 3, coupe transversale montrant la position respective des diverses parties de l'épillet entre elles et par rapport au rachis; fig. 4, fleur avortée vue par la face interne; fig. 5, bale inférieure de la fleur fertile; fig. 6, bale supérieure de la même fleur; fig. 7, les deux écailles; fig. 8, une étamine; fig. 9, le pistil entouré des filets des étamines; fig. 10, caryopse; fig. 11, la même, coupée longitudinalement.

Obs. Ce genre me paraît beaucoup plus voisin des Lolium que des Rottboellia. Dans les genres du groupe des Rottbœlléacées, si rapproché des Andropogon et surtout des Ischœmum, les épillets sont toujours géminés sur chaque article du rachis, et quoique l'épillet pedicellé soit sujet à avorter plus ou moins complètement, il en reste toujours quelque trace ; en outre c'est toujours la fleur inférieure de l'épillet fertile qui avorte, et jamais on ne voit de trace d'une fleur supérieure stérile et pédicellée. Au contraire, si on se représente un Lolium dont l'épillet serait réduit à sa fleur inférieure et à un rudiment de la seconde fleur, ces parties étant recouvertes par la glume deviendront plus minces, et on aura exactement la fleur du *Lepturus repens*. L'analogie entre ces deux genres n'est pas fondée seulement sur cette disposition semblable des parties florales, mais aussi sur la forme de l'ovaire et des stigmates qui se rapproche beaucoup de celle des Lolium. Cette ressemblance est encore plus marquée dans le *Lepturus subulatus*, la seule espèce qu'on puisse, à ce qu'il nous semble, associer au *Lepturus repens*.

Les *Lepturus incurvatus, filiformis* et *pannonicus,* dont les épillets sont à deux glumes, doivent constituer un genre distinct qui diffère du précédent comme les Lolium diffèrent des Triticum. Du reste, ce genre, auquel on pourrait appliquer le nom de Pholiurus, que Trinius avait donné à un genre qui ne comprenait que la dernière de ces trois espèces, appartient comme les vrais Lepturus à la tribu des Hordéacées, tant par la symétrie générale de ses épillets que par la structure des organes sexuels.

Quant aux vraies Rottbœlléacées, elles ne nous paraissent pas mériter de former une tribu distincte, tant elles se lient graduellement aux Andropogonées ou Saccharinées par les Ischœmum.

HEMARTHRIA. R. Brown.

Spica articulata, articulis difficilè solubilibus. Spiculæ in quolibet articulo geminæ, conformes; alterâ inferiore sessili, in concavitate inter rachim et pedicellum receptâ, glumâ superiore parietibus arcte adpressâ (nec agglutinatâ); alterâ superiore, pedicello rachi adnato, subsessilis, glumâ rachi laxè applicatâ. Glumæ duæ; inferior (externa) coriacea, planiuscula, superior (interna) chartacea, convexa, trinervia.

Flosculi duo; inferior (exterior) neuter, univalvis, superior (interior) hermaphroditus, bivalvis, paleis muticis subenerviis. Squamulæ duæ truncatæ. Stamina tria, antheris oblongis. Ovarium oblongum, glabrum. Styli basi approximati, filiformes. Stigmata oblonga, undique fibrillosa.

Obs. La glume interne de la fleur inférieure paraît, il est vrai, adhérer au rachis, mais elle est simplement appliquée très-exactement contre la surface de la cavité formée par le rachis et le pédicelle adhérent de l'épillet supérieur. Si on l'en éloigne, on voit qu'il n'y a eu aucun arrachement.

Les articles de l'épi ne se séparent pas aussi facilement que dans les autres plantes de ce groupe, parce que le pedicelle qui supporte le second épillet et qui adhère au rachis, étant un peu plus long que l'article même de ce rachis, adhère dans une petite étendue à l'article placé au-dessus, et concourt à les unir entre eux.

1. HEMARTHRIA UNCINATA, Pl. XV.

H. culmo repente, glabro, surculis erectis subsimplicibus, basi vaginis scariosis pubescentibus tectis; foliis lineari-fili-formibus, carinatis, glaberrimis; spicis terminalibus, simplici-bus, cylindricis, 3-4-pollicaribus; glumis oblongis, acuminatis, interiore spicularum superiorum cujusque articuli apice subu-lato-uncinatà, inferiorum acutà, tenuiore, rachi subadnatà.

Hemarthria uncinata, R. BROWN, *Prod. Flor. Nov.-Holl.*, I, p. 207.

CULMUS subterraneus, repens, striatus, compressus, vaginis aphyllis scariosis tectus, è nodis radices subsimplices ramosque erectos, versùs apicem præsertìm emittens. Rami glabri, compressi, simplices, vel ramu-lum unum alterumve spicigerum è vaginis superioribus producentes. FOLIA ad basim ramorum ascendentium crebriora; vaginis inferioribus laxè adpressis, imbricatis, subdistichis, supernè propè ligulam molle pubescentibus; superioribus culmo arcte adpressis, striatis, glabris. Li-gula brevis, lacerato-fimbriata. Lamina linearis angusta, lineam vix lati-tudine excedens, striata; ad nervum medium complicata, in foliis infe-rioribus longior, sexpollicaris.

SPICÆ simplices, cylindricæ, articulatæ, subquadripollicares, pedun-culo brevi, vaginà superiore subincluso, suffultæ. SPICULÆ in quolibet ar-ticulo duæ, alterà inferiore, alterà superiore (pedicellatà, pedicello rachi agglutinato) inferiori articuli superpositi opposità, in seriebus quatuor longitudinalibus dispositæ, duæ collaterales è spiculis inferioribus, duæ è spiculis superioribus altero latere spicæ collaterales; spiculæ omnes subconformes, bivalves, bifloræ, glaberrimæ, rachi adpressæ ejusque exca-vationibus semi-inclusæ. GLUMÆ duæ subæquales, oblongæ, acuminatæ; inferior (externa) dorso plana, coriacea, lævis, subenervia, acumine pau-lulùm obliquo; superior chartacea, trinervia, concava, dorso rachi ap-plicata et, in spiculis inferioribus, in depressione inter rachim et pedicel-lum agglutinatum recepta parietibusque arcte adpressa nec adnata, apice acuminata, subaristata; acuminis apex in spiculis superioribus (pedicellatis) uncinatus, hamæformis, paululùm ngior.

FLOSCULUS INFERIOR univalvis, neuter, paleà oblongà, trinervià.

Flosculus superior bivalvis, hermaphroditus, paleis inæqualibus enerviis; inferior longior, ovato-oblonga, obtusa; superior duplò brevior, lanceolata. Squamulæ duæ cuneatæ, truncatæ. Stamina tria, filamentis capillaribus, antheris oblongis. Ovarium oblongum, glabrum. Styli basi approximati filiformes. Stigmata oblonga, fibrillis simplicibus undique patentibus.

Loc. : Port Jackson à la Nouvelle-Hollande.

Planche XV. Fig. 1, une portion de l'épi grossie comprenant deux articles, *a* épillet inférieur de l'article supérieur, *b* épillet supérieur du même article; *b'* épillet supérieur de l'article inférieur, l'épillet inférieur du même article est caché et presque opposé à l'épillet *b''* qui appartient à un article plus inférieur; fig. 2, un des épillets supérieurs détaché et vu de côté, les glumes étant écartées; fig. 3, la fleur fertile vue par le côté de la bale supérieure, *a* bale inférieure, *b* bale supérieure; fig. 4, les deux écailles et les trois étamines; fig. 5, pistil; fig. 6, coupe transversale d'un épillet indiquant les rapports des divers organes entre eux et avec le rachis.

ROTTBŒLLIA.

Spica articulata, articulis facilè solubilibus. Spiculæ in quolibet articulo geminatæ, alterâ inferiore sessili fertili, alterâ superiore sessili, pedicello margini foveolæ racheos agglutinato, tabescente, neutrâ. Spicula inferior fertilis, biflora. Glumæ duæ : exterior planiuscula, coriacea; interior chartacea, concava, trinervia. Flosculi inclusi paleis tenuissimis muticis; exterior bivalvis, neuter, staminibus imperfectis; interior bivalvis, hermaphroditus, paleâ inferiore trinerviâ, superiore binerviâ. Squamulæ duæ truncatæ, venosæ. Stamina tria, antheris oblongis. Ovarium oblongum, glabrum. Styli approximati, filiformes. Stigmata elongata. Spicula superior minor, biglumis, neutra, paleis minimis vacuis.

1. ROTTBOELLIA FASCICULATA.

R. culmo vaginisque striatis glabris; foliis planis, nervosis, linearibus, basi cordatis, margine vaginisque rigidè ciliatis; spicis cylindricis, bipollicaribus, simplicibus, pedunculatis, pedunculis fasciculatis, vaginâ spathaceâ ciliatâ semiinvolutis; spiculæ fertilis glumâ exteriore oblongâ, obtusâ, rachi excavato arcte applicatâ, lævi; spiculâ abortivâ fertili quadruplo minore, eâdem foveolâ racheos inclusâ.

Culmus erectus, foliosus, bipedalis et ultrà, cylindricus, striatus, glaber, ramis floriferis è vaginis superioribus fasciculatìm exeuntibus, erectis subcorymbosis vaginisque aphyllis propriis basi involutis. Folia caulina, erecta, glabra; vaginis valdè striatis supernè dilatatis convolutis, margine externo rigidè ciliatis; ligulâ brevi, membranaceâ, truncatâ; laminâ lineari, planâ, subpedali, octo lineis latâ, rigidâ, striatâ, margine argutè rigidèque ciliatâ, basi ad ligulam cordatâ, apice acuminatâ. Folia ramulorum spiciferorum, limbo abortivo, ad vaginas acuminatas convolutas, spicas juniores vel pedunculos involventes, redacta.

Spicæ solitariæ ad apices ramulorum axillarium, pedunculatæ, subcorymbosæ, simplices, exactè cylindricæ, sesquipollicares. Rachis articulata, articulis facilè solubilibus, cylindrica, altero latere foveolis oblongis, glumis spicularum occlusis, excavata; spiculæ fertiles, uno latere biseriales, spiculis abortivis ad partes exteriores serierum adnexis. Spiculæ in quolibet articulo geminæ, in eâdem foveolâ racheos immersæ; altera fertilis, ad basim foveolæ sessilis, oblonga, foveolæ longitudinem æquans; altera ad latus exterius foveolæ propè apicem affixa (pedicellata, pedicello margini foveolæ agglutinato), abortiva, minima.

Spiculæ fertiles biglumæ, bifloræ. Glumæ duæ oppositæ; exterior (inferior) oblonga, apice obliqua, obtusa, coriacea, dorso subplana (convexitati racheos conformis), lævissima, margine crassiore integra; interior (superior) oblonga, obtusa, concava, chartacea, trinervia. Flosculi duo inclusi, paleis tenuissimis, enerviis, muticis, longitudine subæqualibus; exterior (inferior) bivalvis, neuter, stamina tria abortiva includens, valvulâ superiore breviore; interior (superior) bivalvis, hermaphroditus, paleâ inferiore subtrinerviâ, aliis paululùm longiore. Squa-

MULÆ duæ magnæ, truncatæ, venosæ. STAMINA tria, antheris oblongis. OVARIUM subulatum. STIGMATA elongata (juniora in specimine meo).

SPICULÆ neutræ, bivalves, glumis carinatis rachi inversis. PALEÆ minimæ, vacuæ.

Loc. : Ile de Bourou dans les Moluques.

Obs. Cette plante a tellement l'aspect du *Cœlorachis muricata* qu'elle peut, à la première vue, n'en paraître qu'une variété à feuilles rudes et ciliées; mais un examen plus attentif prouve qu'elle en diffère beaucoup par la disposition des épillets qui sont représentés pl. 14, fig. A, et qui rangent cette plante dans le véritable genre Rottbœllia, tel qu'il a été défini par M. R. Brown, et dont le caractère essentiel est d'avoir le pédicelle de la fleur avortée soudé au rachis.

Parmi les espèces décrites, je n'en connais aucune à laquelle on puisse rapporter cette plante.

CŒLORACHIS.

SPICÆ articulatæ, spiculis in quolibet articulo geminatis, unilateralibus, rachi applicatis nec immersis, alterâ sessili fertili, alterâ pedicellatâ neutrâ.

SPICULA fertilis, biflora. GLUMÆ duæ; exterior (inferior) dorso plana, multinervia, coriacea; interior concava, carinata, chartacea. FLOSCULI inclusi paleis tenuissimis muticis; inferior glumæ exteriori adpressus, bivalvis, neuter, vacuus vel squamulas includens; superior (seu interior) bivalvis, hermaphroditus, paleis subæqualibus, inferiore subtrinerviâ, superiore binerviâ. SQUAMULÆ duæ truncatæ, venosæ. STAMINA tria, antheris oblongis. OVARIUM oblongum, glabrum.

Styli basi proximi, filiformes. Stigmata oblonga, undique fibrillosa.

Spicula pedicellata biglumis vacua, pedicello à rachi soluto, plano.

Gramina exaltata, rigida; foliis planis, nervosis; pedunculis terminalibus et axillaribus, sæpè fasciculatis, erectis, spicis simplicibus.

Obs. Ce genre est intermédiaire entre les Ischœmum et les Rottbœllia. Il diffère des premiers par son épillet pédicellé complètement avorté, par l'absence d'arête à la bale inférieure de la fleur fertile, par sa fleur avortée sans étamines, enfin par son port plus voisin de celui des Rottbœllia. Il ne diffère de ce dernier genre que par le pédicelle de l'épillet stérile qui n'est pas soudé au rachis, et par la forme de ce rachis qui ne présente pas d'excavation pour recevoir les épillets. Outre l'espèce suivante qui me paraît convenir en même temps à la description que Retzius donne de son *Rottbœllia muricata* et au caractère attribué par M. R. Brown à son *Ischœmum Rottbœllioides*, on doit rapporter à ce genre le *Rottbœllia Cœlorachis* de Forster, si on en juge toutefois d'après la figure et la description que M. Labillardière en a données [1], et le *Rottbœllia hirsuta* de Wahl dont les caractères essentiels sont exactement les mêmes que ceux de l'espèce que nous décrivons ici.

1. COELORACHIS MURICATA. Pl. XIV.

C. culmo semi-cylindrico, lævi; foliis lineari-lanceolatis, planis, nervosis, glabris, basi et ligulâ ciliatis; spicis bipollicaribus, semi-cylindricis, longè pedunculatis, pedunculis fasci-

---

[1] *Sertum austro-caledonicum*, p. 15, t. 20.

culatis, axillaribus, medio vaginatis; spiculæ sessilis glumâ externâ planâ, apice alatâ, basi margine denticulatâ; spiculâ
pedicellatâ complanatâ, sessili dimidio breviore, neutrâ.

Rottbœllia muricata, RETZ, *Obs.*, III, p. 12; WILLD., *Spec.
plant.*, I, p. 466.

Ægilops muricata,RETZ, *Obs.*, II, p. 27.

An *Ischœmum Rottbœllioides*, R. BR., *Prod. Flor. Nov.-Holl.*,
p. 205?

CULMUS bipedalis et ultrà, erectus, glaberrimus, lævis, ad nodos vix
pilosus, articulis inferiùs latere altero planis, superiùs subcylindricis;
ramis è vaginis superioribus fasciculatìm emergentibus, erectis, subcorymbosis, 8-10 pollicaribus, medio articulatis, articulo inferiore complanato, superiore inferiùs vaginato, superiùs nudo cylindrico, spicigero.
FOLIA erecta, glabra; vaginis convolutis, adpressis, substriatis, margine
ciliatis, ramulorum subaphyllis pedunculos basi involventibus; ligulâ
brevi, ciliatà; limbo plano, in foliis inferioribus pedali, in superioribus
breviore, pollice lato, nervoso, glaberrimo, lævi, margine denticulato,
ad basim ciliato.

SPICÆ solitariæ ad apices ramulorum axillarium, graciles, bipollicares,
semicylindricæ, spiculis uno latere in quatuor seriebus dispositis, mediæ è spiculis sessilibus fertilibus, laterales è spiculis pedicellatis neutris
compositæ. Rachis articulata, articulis solubilibus, superiùs incrassatis,
latere plano, altero convexo. SPICULÆ in quolibet articulo geminæ; alterâ sessili, fertili, majore; alterâ pedicellatâ externâ, tabescente,
neutrâ, pedicello à rachi soluto.

SPICULÆ SESSILES fertiles, biglumæ, bifloræ, paleis tenuissimis muticis.
GLUMÆ duæ; exterior, seu inferior, planiuscula, lævis vel vix puberula,
coriacea, sub 9-nervia, nervis externè vix distinctis, margine crassiore
inferiùs denticulato, denticulis acerosis recurvis, lente tantùm distinctis,
muricato (undè Retzius nomen ducit), apice alato, alis cristæfor-
mibus, inæqualibus, fuscis; interior coriacea, albida, concava, rachi
adpressa, trinervia, carinata, carinâ superiùs cristatâ. FLOSCULUS INFE-
RIOR (exterior) bivalvis, neuter. PALEA inferior lanceolata, aliis longior,
enervia vel subtrinervia; superior minor, binervia; squamulorum rudi-

menta. FLOSCULUS SUPERIOR (interior) bivalvis, hermaphroditus, paleis lanceolatis, inferiore longiore uninerviâ, superiore binerviâ. SQUAMULÆ duæ oblongæ, cuneatæ, venosæ, apice denticulatæ, basi connatæ. STAMINA tria, filamentis capillaribus. OVARIUM ovato-acuminatum, glabrum. STYLI duo basi approximati divergentes capillares. STIGMATA.....

Loc. : Bourou, dans les Moluques (d'Urville); Amboine (*Herb. Ventenat*).

Obs. Cette plante convient bien à la description fort incomplète que Retzius en a donnée; d'un autre côté, si on récapitule les divers caractères que M. Brown donne au genre ISCHŒMUM, à la troisième section de ce genre, et à l'ISCHŒMUM ROTTBOELLIOIDES, qui occupe seule cette section, on jugera que cette plante doit être extrêmement voisine de celle que nous venons de décrire, si toutefois elle en diffère spécifiquement. La figure que nous publions est faite d'après l'échantillon de Ventenat. beaucoup plus complet que ceux recueillis par M. d'Urville.

PLANCHE XIV. Plante entière de grandeur naturelle. Fig. 1, portion d'un épi comprenant deux articles et montrant la disposition des épillets sessiles fertiles et des épillets pédicellés avortés; fig. 2, un épillet fertile et l'épillet pédicellé stérile qui l'accompagne vus par la face interne; fig. 3, fleur inférieure neutre; fig. 4, bale inférieure de la fleur fertile; fig. 5, bale supérieure de la même fleur enveloppant les écailles et l'ovaire; fig. 6, le pistil entouré des filets des étamines et des deux écailles; fig. 7, les écailles isolées.

ISCHŒMUM.

Ischœmum, LINN.; R. BROWN.; KUNTH.
Ischœmum et *Meoschium*, PAL. BEAUV.

SPICÆ rachi articulatâ. SPICULÆ in quolibet articulo geminæ subconformes; altera sessilis, vel brevissimè pedicellata, altera longiùs pedicellata; utraque biflora, fertilis. Glumæ duæ multinerviæ, coriaceæ; inferior spicularum sessilium dorso planiuscula, bicarinata, obtusa, in spiculis pedicellatis superiori conformis; superior acuminata, carinata, quandoque brevè aristata. Flosculus inferior masculus, bivalvis; squamulæ duæ; paleæ muticæ; stamina 2-3. Flosculus superior hermaphroditus, bivalvis; palea inferior aristata, aristà interdùm inclusâ præsertìm in spiculis pedicellatis. Squamulæ duæ in utroque flosculo, cuneatæ, truncatæ, venosæ. Stamina tria. Ovarium glabrum. Styli duo capillares, basi approximati. Stigmata elongata, undique fibrillosa. Caryopsis ovata, glabra, apice bicornis.

Gramina foliis planis, spicis rariùs simplicibus, sæpissimè geminatis, quandoque ramosis subfasciculatis, rachi pedicellisque trigonis, spiculas sessiles amplexantibus.

§ 1. *Distachya*, spicis geminatis.

1. ISCHOEMUM MUTICUM.

I. culmo erecto, subramoso; foliis lanceolatis, acutis, glabris; vaginis margine oreque pilosis, geniculis glabris, superioribus vix pilosis; spicis geminis, vaginà superiore aphyllâ spathaceâ primò inclusis, dehinc brevè pedunculatis; spiculis arcte rachi glaberrimo adpressis; glumis lævissimis; aristis brevibus, inclusis.

Ischœmum muticum, Linn., *Spec. pl.*, 1487; Willd., *Spec.*, IV, p. 939; Retz., *Obs.*, VI, p. 34.

Tagadi Rheed., *Hort. Mal.*, XII, p. 91, tab. 49.

Loc. : Amboine, dans les Moluques; Offack, île de Waigiou.

2. ISCHOEMUM URVILLIANUM, Pl. XII.

I. culmo humili, procumbente, geniculato, ramulis ascendentibus, supernè nudis, floriferis, geniculis villosis; foliis lanceolatis vaginisque glabris, propè ligulam truncatam tantùm pilosis; spicis geminis, racheos pedicellorumque angulis ciliatis; spiculis glaberrimis, laxè imbricatis, glumarum carinis cristatis; aristâ spicularum sessilium paulò exsertâ, pedicellatarum inclusâ, tenuissimâ, rectâ.

Ischœmum urvilleanum, KUNTH, *Rev. Gram.*, p. 167 (absque caractere.)

CULMUS glaber, ad nodos villosus, repens, surculis sexpollicaribus, ascendentibus, basi geniculatis foliisque approximatis tectis, supernè nudis spicigeris. FOLIA lanceolata, acuta, glabra; vaginis infernè imbricatis distichis, supernè elongatis culmum involventibus, glabris, margine et circùm ligulam pilosis; ligula brevis, truncata, denticulata. SPICÆ conjugatæ, erectæ, pedunculo communi nudo magìs minùsve elongato suffultæ, rachi spicularumque pedicellis triangularibus, angulis brevè ciliatis.

SPICULÆ erectæ, non arcte adpressæ, ovatæ, glaberrimæ, in quolibet racheos articulo geminæ, alterâ sessili vel brevissimè pedicellatâ, alterâ longiùs pedicellatâ, formâ glumarum et longitudine aristarum tantùm diversæ, omnes biflorae. GLUMÆ duæ subæquales, glabræ, coriaceæ; inferior in spiculis subsessilibus, ovata, obtusa, superiore brevior, dorso planiuscula, lateribus bicarinata, carinis cristatis, subtredecimnervia, in spiculis pedicellatis ovata, acuta, carinata, unicristata, superiori æqualis et subconformis. Superior in utràque spiculâ ovato-lanceolata, acuta, subnovemnervia, in sessilibus magìs acuminata, dorso cristata.

FLOSCULUS INFERIOR masculus, bivalvis, paleis æqualibus, tenuissimis, muticis, paleas flosculi superioris superantibus; inferior uninervia; superior binervia, nervis denticulatis. SQUAMULÆ duæ cuneatæ, angustæ, truncatæ, venosæ. STAMINA tria, filamentis capillaribus, antheris oblongis.

Flosculus superior hermaphroditus, bivalvis, paleis æqualibus tenuissimis; inferior uninervia, aristata, aristâ tenui rectâ in spiculis sessilibus glumas paululùm excedente, in pedicellatis brevissima inclusa; superior binervia, mutica. Squamulæ duæ latæ, cuneatæ, truncatæ, angulo exteriore porrecto. Stamina tria. Ovarium oblongum, acutum, glabrum. Styli duo filiformes, breves, basi approximati. Stigmata elongata, undique fibrillis simplicibus tecta.

Loc. : Ile Sainte-Catherine, au Brésil. (C'est par erreur que M. Kunth a cité cette plante comme recueillie par M. d'Urville au Chili.)

Planche XII. Plante de grandeur naturelle. Fig. 1, deux épillets portés sur le même article du rachis (le graveur a oublié les cils assez courts qui sont aux angles du rachis et du pédicelle); fig. 2, un épillet pédicellé plus grossi; fig. 3, l'une des glumes d'un épillet pédicellé; fig. 4, la glume inférieure d'un épillet sessile; fig. 5 et 6, la glume supérieure du même épillet; fig. 7, les deux fleurs, l'une mâle et l'autre hermaphrodite, dont les anthères sont tombées, dépouillées des glumes; fig. 8, une des écailles de la fleur mâle; fig. 9, une des écailles de la fleur hermaphrodite; fig. 10, le pistil entouré des filets des étamines et des écailles.

Cette plante diffère bien sensiblement de l'*Ischœmum muticum* par sa taille beaucoup moindre, les nœuds de sa tige très-velus, ses épillets qui ne sont pas lisses et exactement appliqués contre le rachis, et par l'arête des épillets sessiles qui dépasse les glumes; mais ces caractères la rapprochent extrêmement de ceux donnés par M. Brown à son *Ischœmum triticeum*, qui en diffère cependant par ses gaînes supérieures velues et par sa taille plus élevée, caractères qui, joints à la grande différence des localités, me font présumer que ces deux plantes offriraient d'autres signes distinctifs si on pouvait les comparer.

§ 2. *Polystachia*, spicis pluribus basi ramosis fasciculatis.

ISCHOEMUM DIGITATUM, Pl. XIII.

I. culmo erecto simplici, nodisque glaberrimis; foliis lineari-

lanceolatis, acutis, planis, margine asperis, vaginisque glaberrimis: spicis 5-6 approximatis, subdigitatis, erectis, glaberrimis,
racheos pedicellorumque angulis interioribus (spiculæ sessili
adpressis, tantùm ciliatis; spiculis pedicellatis patentibus, glumis acutis, superiori brevè aristatâ, carinis vix cristatis; aristâ
paleæ exsertâ, spiculæ subæquali, rectâ.

Culmus erectus, simplex, bipedalis et ultrà, cylindricus nodique glaberrimi, vaginis foliorum ferè usque ad apicem tectus. Folia glaberrima;
laminâ octopollicari, lineari-lanceolatâ, acutâ, decem linearum latâ, planâ,
margine denticulato-asperâ; vaginâ internodiis æquali striatâ, subcari-
natâ, margine scariosâ, glabrâ, supernè biauriculatâ; ligulâ membranaceâ, brevi, truncatâ, denticulatâ. Spicæ 5-6, è ramulis duobus approximatis, brevibus, bi- vel trifidis, nascentes, subtripollicares, usque ad
basim spiculiferæ; rachi pedicellisque triangularibus, angulis exterioribus
glabris, interioribus spiculam sessilem amplexantibus ciliatis.

Spiculæ in quolibet articulo duæ, altera sessilis, altera pedicellata,
subconformes, glumarum formâ tantùm diversæ, utraque biflora, fertilis.

Glumæ duæ glaberrimæ, coriaceæ, fuscæ, in spiculis pedicellatis æquales et conformes, in sessilibus inæquales et dissimiles; inferior, in spiculis
sessilibus, superiore brevior, dorso convexiuscula, basi ventricosa, subtredecimnervia, nervo secundo à margine utriusque lateris cristâ membranaceâ ornato, in spiculis pedicellatis superiori similis et subæqualis;
superior 5-nervia, valdè convexa, subcarinata, oblonga, acuminata, apice
breve aristata. nervo medio superiùs cristato.

Flosculus inferior masculus, bivalvis, paleis æqualibus: inferior tenuior, ovato-oblonga, trinervia, apice mucronata; superior oblonga, binervia, bicarinata. Squamulæ duæ truncatæ. Stamina tria.

Flosculus superior bivalvis, hermaphroditus; paleis æqualibus; inferior ovata, profundè emarginata, trinervia, nervis superiùs in aristâ
confluentibus è scissurâ paleæ nascente, in spiculis sessilibus, paleâ duplò
longiore et dimidiâ parte glumas superante, in spiculis pedicellatis inclusâ; superior lanceolata, acuminata. binervia. Squamulæ duæ cuneatæ,
truncatæ. Stamina tria abortiva. Ovarium oblongum, glabrum; Styli filiformes erecti basi approximati; Stigmata elongata undique fibrillosa.
Caryopsis ovatum, glabrum, apice bicorne.

Loc. L'île de Bourou, dans les Moluques.

Planche XIII, Fig. 1. Deux articles du rachis portant un épillet sessile et un épillet pédicellé; fig. 2, un épillet sessile vu de côté; fig. 3, glume inférieure de cet épillet; fig. 4, glume supérieure du même épillet; fig. 5, les deux fleurs sorties des glumes; fig. 6, la bale inférieure de la fleur mâle; fig. 7, la bale supérieure de la même fleur; fig. 8, une des étamines; fig. 9, les deux écailles; fig. 10, bale inférieure de la fleur femelle; fig. 11, bale supérieure de la même fleur; fig. 12, pistil entouré des étamines avortées; fig. 13, caryopse mûre.

Obs. Cette espèce et les deux suivantes forment, dans le genre Ischoemum, un petit groupe tout-à-fait distinct des espèces déja connues. *L'Ischœmum latifolium* de M. Kunth (*Rev. Gram.*, p. 371, pl. IC), s'en rapproche par son port et la disposition de ses épis fasciculés; mais dans les trois espèces de l'ancien continent que nous décrivons ici, la disposition du rachis et des pédicelles est comme dans les vrais Ischoemum, c'est-à-dire que ces parties sont triangulaires et embrassent exactement l'épillet sessile. La bale inférieure de la fleur hermaphrodite a une forme toute spéciale qui n'existe pas dans les autres Ischoe-mum que j'ai étudiés; elle est très-profondément bilobée, et c'est du fond de cette échancrure que naît l'arête qui varie de longueur dans les trois espèces.

Ces trois espèces ont tant de caractères communs qu'on pourrait être tenté de n'en faire qu'une seule; cependant la forme des glumes et leur villosité, sépare complètement la troisième (*Isch. fasciculatum*) des deux précédentes, tandis que la longueur de l'arête, la villosité du rachis et des nœuds du chaume séparent la seconde de la première.

Il est certain cependant que l'espèce suivante (*Isch. interme-dium*) est réellement intermédiaire aux deux autres, participant également aux caractères de toutes les deux.

4. ISCHOEMUM INTERMEDIUM.

I. culmo erecto, simplici, glabro, nodis barbatis; foliis lineari-lanceolatis vaginisque glabris, laminâ ad basis marginem tantùm longè pilosâ; spicis 4-5 fasciculatis, pollicaribus, racheos pedicellorumque angulis ciliatis; glumis ovatis, acutis, glabris, carinis brevè cristatis; aristis basi contortis, spiculis duplò longioribus; flosculis masculis triandris.

Culmus pedalis et ultrà, simplex, erectus, cylindricus, glaber, nodis villoso-barbatis, vaginis foliorum tectus. Folia glabra, laminâ lineari-lanceolatâ, sexpollicari et semi-pollicis latâ, margine asperâ, ad basim propè marginem sursùm pilis raris, longis et albicantibus, aspersâ; ligulâ membranaceâ, truncatâ, glabrâ; vaginâ glaberrimâ, striatâ, internodiis æquali, supernè angulis extensis subbiauritâ. Spicæ 5-6 fasciculatæ, erectæ, approximatæ, rachi pedicellisque trigonis, angulis ciliatis, pilis versùs apicem articulorum longioribus. Spiculæ geminæ, alterâ sessili, alterâ pedicellatâ. Glumæ ovatæ, glabræ, coriaceæ, nervosæ; inferior spicularum sessilium bicarinata, bicristata, in spiculis pedicellatis superiori conformis; superior convexa, carinata, apice cristata.

Flosculus inferior masculus, bivalvis; paleæ æquales, lanceolatæ, acutæ, inferiore uninerviâ, superiore binerviâ, valdè concavâ. Squamulæ duæ truncatæ, subemarginatæ. Stamina tria, antheris lineari-oblongis.

Flosculus superior hermaphroditus, bivalvis, paleâ inferiore oblongâ, profundè bilobâ, basi trinerviâ, è scissurâ longè aristatâ, aristâ glumis duplò longiore, basi contortâ; paleâ superiore lanceolatâ, acutâ, binerviâ. Squamulæ duæ subquadratæ, venosæ, angulo externo extenso. Stamina tria filamentis capillaribus. Ovarium ovatum, glabrum. Styli duo basi approximati capillares. Stigmata oblongo-elongata, fibrillis simplicibus rariusculis.

Loc. : Oualan, l'une des îles Carolines.

5. ISCHOEMUM FASCICULATUM.

I. culmo erecto, simplici, compresso, glabro, nodis (præser-

tim superioribus) villosis; foliis lineari-lanceolatis, acutis, utrinque pilosis, vaginis villosis; spicis 4-5 fasciculatis, pollicaribus,
racheos pedicellorumque angulis barbatis; glumis oblongis,
acutis, carinis haud cristatis, dorso longè villosis (spicularum
sessilium subglabris); aristis spiculis triplò longioribus, basi contortis, patentibus, rigidis, violaceis; flosculis masculis diandris.

Culmus subpedalis, compressus, erectus, glaber, tenuior quam in
duobus speciebus præcedentibus, nodis villosis, præsertìm superioribus,
inferioribus subglabris. Folia, vaginis inferioribus laxis, superioribus
culmum involventibus, basi glabris, supernè villoso-sericeis, carinatis;
ligulâ membranaccâ, truncatâ; laminâ lineari-lanceolatâ, subquadripollicari, utrinque pilosâ, margine lævi. Spicæ 4-5 fasciculatæ, erectæ,
rachi pedicellisque trigonis, angulis et præsertìm infrà articulationes
longè barbatis, pilis candidis. Spiculæ geminæ, alterâ sessili, alterâ
pedicellatâ, subconformes, lanceolatæ, acutæ. Glumæ spicularum pedicellatarum longè barbatæ, spicularum sessilium gluma inferior dorso
sparsè breviùsque pilosa, superior glabra; gluma inferior in spiculis
sessilibus oblonga, bidentata, undecimnervia, dorso plana, lateribus
bicarinata, carinis superiùs cristatis; superior lanceolata, 7-nervia, acuminata, subaristata, convexa, carina denticulata non cristata. Glumæ spicularum pedicellatarum conformes, lanceolatæ, acutæ, convexo-carinatæ.

Flosculus inferior : Paleæ æquales, lanceolatæ, angustæ, muticæ, inferiore uninerviâ, superiore binerviâ. Squamulæ duæ oblongæ, truncatæ,
emarginatæ. Stamina duo, filamentis basi connatis, antheris oblongis.

Flosculus superior : Palea inferior oblonga, profundè emarginata,
biloba, basi trinervia, è scissurâ nervisque confluentibus longè aristata,
aristâ glumis triplò longiore, basi contortâ, rigidâ, violaceâ. Palea superior lanceolata, acuminata, binervia. Squamulæ duæ truncatæ, subquadratæ, venosæ, angulo externo extenso. Stamina tria, filamentis capillaribus, apice exsertis. Ovarium oblongo-ovatum, glabrum. Styli duo basi
approximati. Stigmata elongata, fibrillis simplicibus rariusculis, undique
insertis? vel distichis?

Loc. : Ile Maurice.

APLUDA. Linn.

Spiculæ ad apicem ramorum solitariæ, nudæ fertiles, vel in ramulis lateralibus ternæ, spathà bractei-
formi suffultæ, duæ inferiores, alterà sessili fertili,
alterà pedicellatâ tabescente, tertià terminali pedicellatà, hermaphroditâ vel masculâ.

Spiculæ fertiles biglumæ, bifloræ. Glumæ coriaceæ,
æquales, muticæ, paleis longiores, exterior in spiculis
sessilibus obtusa, dorso planiuscula. Flosculus inferior
imperfectus, paleis æqualibus, muticis, exteriore uni-
nervià, interiore binervià; Squamulæ duæ; Stamina
tria, antheris minoribus; ovarium imperfectum vel nullum. Flosculus superior hermaphroditus, fertilis; paleis inæqualibus, inferiore longiore, mucronato vel
aristato in spiculis inferioribus. Squamulæ duæ truncatæ. Stamina 1-3, perfecta. Ovarium oblongum, glabrum. Styli breves, basi divergentes. Stigmata oblonga,
undique fibrillis densis tecta.

Spiculæ abortivæ, pedicellatæ; Glumæ duæ planæ,
minimæ, vacuæ.

1. APLUDA MUTICA.

A. glaberrima; culmo erecto, lævi; foliis lineari-lanceolatis;
ramulis floriferis axillaribus, ramosis, foliosis vel bracteatis;
flosculo superiore utriusque spiculæ fertilis hermaphrodito,
paleà inferiore muticà vel mucronatà nec aristatà.

Apluda mutica, Linn., *Spec. plant.*, 1486; Willd., *Spec.
plant.* IV, p. 938; Goertn, *de Sem. plant.*, II, p. 466, tab. 175.

Calamina mutica, Pal. Beauv., *Agrost.,* p. 129. An *Calamina gigantea?* Pal. Beauv., *Agrost.,* pl. XXIII, fig. 1 (exclus. syn. *Anthistiriæ giganteæ,* Cav.).

Apluda geniculata? Roxb., *Fl. ind.,* I, p. 327.

Culmus erectus, lævis, semi-cylindricus, nodis glabris distantibus. Folia inferiora....., superiora ramos floriferos involventia, vaginâ striatâ, margine scariosâ; ligula membranacea, oblonga; lamina plana, lineari-lanceolata, acuta, basi angustata, brevè petiolata, glaberrima. Rami axillares, basi ramosi, è vaginis foliorum subfasciculatìm emergentes, foliis brevioribus et versùs apicem vaginis subaphyllis præditi. Spiculæ bracteis involutæ, in axillis foliorum ramulorum fasciculatæ, quædam terminales, solitariæ, nudæ, pleræque axillares, ternæ, bracteis spathæformibus stipatæ, heterogeneæ; intermedia sessilis, biflora, flosculo inferiore masculo, superiore hermaphrodito; laterales pedicellatæ; altera spiculæ sessili adstans, minima, bivalvis, glumis minimis, planis, omninò vacuis; altera racheos apicem superans, spiculæ terminali ramulorum subconformis, biflora, flosculo inferiore masculo vel neutro, superiore hermaphrodito; in utrâque spiculâ paleæ membranaceæ, tenuissimæ, glumis coriaceis includuntur.

Spicula intermedia; Glumæ duæ; inferior, respectu inflorescentiæ exterior, dorso subplana, rigida, 5-nervia, nervis lateralibus magìs notatis; superior concava, subventricosa, apice carinata, 5-nervia, nervis vix distinctis. Flosculus inferior masculus? Paleæ æquales, inferiore carinatâ, uninerviâ, superiore planâ, binerviâ. Squamulæ duæ truncatæ, membranaceæ. Stamina tria, antheris minoribus quam in altero flosculo. Ovarium minimum. Styli duo. Stigmata breviora, inclusa, fibrillosa (an flosculus hermaphroditus nondùm perfectè evolutus?). Flosculus superior hermaphroditus: Paleæ inæquales; inferiore concavâ, carinatâ, uninerviâ, nervo apice in mucrone brevi desinente; superiore duplò breviore truncatâ, subbinerviâ. Squamulæ duæ truncatæ. Stamina tria, antheris majoribus, polline plenis. Ovarium obovatum. Styli duo breves, basi approximati, divergentes. Stigmata aspergilliformia, oblonga, fibrillis densis fulvis.

Spicula rachim superans: Differt glumis conformibus, angustioribus et magìs acuminatis, flosculo inferiore subneutro, ovario nullo, antheris minimis; flosculo superiore omninò mutico, hermaphrodito, diandro.

Spicula solitaria ad apicem ramulorum aspectu exteriore formâque glumarum præcedenti similis, structurâ interiore spiculæ sessili conformis; non differt nisi paleis flosculi superioris paululùm inæqualibus, omninò muticis, stamineque unico.

Loc. : Bourou dans les Moluques.

ANDROSCEPIA [1].

Spiculæ spicatæ, dissimiles; quatuor inferiores sessiles, geminatæ, approximatæ, subverticillatæ, masculæ, involucrum quadrivalvem fingentibus; superiores quinque-septem geminatæ vel terminales ternæ, distantes, alterâ sessili hermaphroditâ, alterâ vel duobus pedicellatis, masculis.

Spiculæ hermaphroditæ : Glumæ duæ coriaceæ, convolutæ, exteriore multinerviâ. Flosculi duo; inferior neuter, univalvis; superior bivalvis, hermaphroditus, valvulâ inferiore trinerviâ, muticâ, superiore subenerviâ. Squamulæ duæ truncatæ, emarginatæ. Stamina tria, antheris oblongis. Ovarium ovatum, glabrum. Styli duo filiformes. Stigmata elongata, plumosa.

Spiculæ masculæ inferiores vel superiores. Glumæ duæ, exteriore planiusculâ, multinerviâ, sæpiùs hirtâ, interiore convolutâ, trinerviâ. Flosculi duo : inferior neuter, unipaleaceus; superior bivalvis, paleis inæqualibus, muticis. Squamulæ duæ truncatæ. Stamina tria.

Genus habitu Anthistiriæ à quo differt spiculis 5-7 superioribus (nec 3) quatuor inferioribus involucra-

[1] Ἀνὴρ, ἀνδρός, vir (seu masculus), Σκέπη, tegumentum, involucrum.

tis; spiculis hermaphroditis, masculisque bifloris nec unifloris (in *Anth. ciliatá* speciebusque affinibus, flosculus inferior utriusque spiculæ semper deest); denique paleâ inferiore flosculi hermaphroditi membranaceâ, muticâ, trinerviâ, nec mutatâ in aristâ coriaceâ, basi tantum compressâ nec membranaceâ.

1. ANDROSCEPIA GIGANTEA.

A. culmo lævi, farcto; foliis planis, linearibus vaginisque glabris, asperis; paniculâ maximâ, partialibus axillaribus pedalibus; spicis laxè fasciculatis, vaginis spathaceis glabris semi-involutis; spiculis masculis involucrantibus lanceolatis, acutis, externè densè hirtis, superioribus acuminatis, hispidis, hermaphroditis muticis, villoso-sericeis, fuscis.

Var. α, foliis angustis, sesquilinearibus, margine denticulatis, vaginis dilatatis, brevibus; spicâ è septem spiculis constante, spiculâ hermaphroditâ solitariâ.

Anthistiria gigantea, Cavan., *Icon.,* V, p. 36, tab. 458.

Var. β, foliis latioribus, 4-5 lineis latis, margine et utrâque paginâ asperis; vaginis longioribus, angustis; spicâ è 9-11 spiculis compositâ, spiculis hermaphroditis 2-3 in quâlibet spicâ.

Var. β, Culmus exaltatus, medulâ farctus, lævissimus, subcylindricus, supernè altero latere plano vel subcanaliculato, ramulis axillaribus compresso. Folia : vaginæ (in superioribus) tribus pollicibus longiores, subcarinatæ, angustæ, glabræ, supernè asperæ; ligula brevissima, truncata; lamina coriacea, linearis, elongata (incompleta), plana, 4-5 lineis lata, nervo medio rigido prædita, margine denticulato-aspera, revoluta, utrâque paginâ aspera.

Panicula maxima è paniculis partialibus axillaribus composita, inferioribus pede longioribus, superioribus sensìm decrescentibus; ramuli foliis latè vaginantibus laminâque brevi præditis stipati; ultimi spicas fasciculatas sustinentes, vaginis aphyllis spathaceis, spicis longioribus, involuti.

Spicæ ovato-oblongæ, compressæ, è spiculis novem vel undecim constantes, inferioribus geminatis, ultimis ternis; paria duo inferiora sessilia, subopposita, spiculis subverticillatis masculis, externè valdè hirtis; paria superiora duo vel tres, spiculâ alterâ sessili hermaphroditâ, alterâ pedicellatâ masculâ (vel duobus pedicellatis hermaphroditam superiorem stipantibus), masculis inferioribus subconformi, angustiore, minùsque hirtâ.

Spiculæ masculæ bifloræ. Glumæ duæ; inferior (exterior) longior, rigidior, lanceolata, acuminata, dorso plana, undecimnervia, valdè hirsuta, pilis patentibus, rigidis, pellucidis, fulvis, basi bulbosis; superior brevior, lanceolata, acuta, membranacea, trinervia, concava, glabra. Flosculus inferior neuter, unipaleaceus; paleâ membranaceâ, lanceolatâ, uninerviâ. Flosculus superior masculus, bivalvis; paleâ inferiore paleæ flosculi neutri æquali et simili, uninerviâ; superiore brevissimâ, lanceolatâ, bifidâ, enerviâ. Squamulæ duæ, truncatæ, carnosæ. Stamina tria, filamentis brevibus, basi approximatis, antheris linearibus. Ovarii vestigium nullum.

Spiculæ hermaphroditæ bifloræ. Glumæ duæ coriaceæ, convolutæ, ovato-oblongæ, obtusæ, æquales; exterior latior, interiorem involvens; utràque externè pilis atro-fuscis, sericeis, adpressis, densè tectâ. Flosculus inferior neuter, univalvis, paleâ lanceolatâ, uninerviâ. Flosculus superior hermaphroditus, bivalvis; paleâ inferiore lanceolatâ, acutâ, trinerviâ; superiore duplò breviore, binerviâ. Squamulæ duæ carnosiores, cuneatæ, emarginatæ. Stamina tria perfecta ut in flosculis masculis. Ovarium turbinatum, glabrum. Styli duo breves, erecti, approximati. Stigmata elongata, sublinearia, plumosa, fibrillis simplicibus.

Loc.: Var. β, Amboine dans les Moluques. Java (herb. de Ventenat).

Obs. L'échantillon recueilli à Amboine par M. d'Urville et celui de Java de l'herbier de Ventenat ne diffèrent que par le nombre des épillets qui est de neuf dans la première de ces plantes et de onze dans la seconde. La plante décrite par Cavanille s'en éloigne davantage, non-seulement parce que cet auteur ne lui attribue que sept épillets dans chaque épi, c'est-à-dire une seule fleur fertile, et six mâles comme aux vrais Anthistiria; mais aussi par ses feuilles beaucoup plus étroites, denticulées, s'élargissant à la base en une gaîne plus courte et plus ouverte. Peut-être ces deux plantes doivent-elles constituer deux espèces distinctes du nouveau genre que nous proposons pour les Anthistiria à fleurs mutiques.

ANDROPOGON. Kunth.

Andropogon et *Holcus*, Willd.; R. Brown.

Spiculæ laterales geminæ; alterâ sessili hermaphroditâ, plerùmque biflorâ; alterâ pedicellatâ neutrâ, uni- vel bivalvi; terminales ternæ, spiculis duobus pedicellatis, neutris.

Spiculæ hermaphroditæ: Glumæ duæ; exteriore dorso planiusculâ, bi-multinerviâ, nervis lateralibus magìs notatis; interiore uni-trinerviâ, convexâ vel carinatâ. Flosculus inferior neuter, unipaleaceus, quandoque nullus. Flosculus superior hermaphroditus, bivalvis. Palea inferior, vel membranacea, integra seu biloba, uninervia, nervo apice in aristâ desinente, vel coriacea, angusta, basi aristæ crassæ contortæ continua. Palea superior brevior, enervia vel binervia. Squamulæ duæ truncatæ. Stamina tria, antheris oblongis. Ovarium glabrum. Styli basi approximati, filiformes. Stigmata oblonga, undique fibrillosa.

Obs. Je n'ai pas adopté ici les genres formés aux dépens des *Andropogon*, quoique ce genre me paraisse offrir des différences assez notables pour être divisé en quelques genres; mais un examen de la plupart des espèces serait nécessaire pour les bien définir, et pour réduire le nombre considérable qu'on en a indiqué à ceux fondés sur des caractères réellement essentiels et constants. D'après les espèces que j'ai étudiées, les caractères génériques les plus importants me paraissent être, 1° le nombre des nervures des glumes, tantôt réduites à deux sur la glume externe, et à une seule sur la glume interne; tantôt beaucoup plus nombreuses, 5 à 13 sur la valve externe et 3 à 7 sur l'interne; 2° la nature de la bale inférieure de la fleur fertile, membraneuse dans certaines espèces et alors mutique ou terminée par une arête assez grêle, qui est la continuation de la nervure; coriace et étroite dans d'autres espèces et se continuant tout entière avec l'arête qui est alors plus épaisse et fortement contournée.

§ 1. *Spiculis spicatis geminatis* (ANDROPOGON, R. BR.).

1. ANDROPOGON TRITICEUS.

A. culmo supernè ramoso, lævi, ramis erectis, semiteretibus; foliis planis, setaceo-acuminatis, vaginisque glaberrimis; spicis solitariis cylindricis; spiculis geminis, inferioribus omnibus masculis, arctè imbricatis, glumis externis planis, marginatis, lævibus oblongo-acutis; spiculâ supremâ solâ (an quandoque superioribus pluribus) hermaphroditâ, longè aristatâ; aristâ contortâ, pubescente, spicâ longiore.

Andropogon triticeus, R. BR., *Prod. flor. Nov. Holl.,* p. 201.

CULMUS tripedalis et ultrà, lævis, nodis glabris pede distantibus, supernè ramosus, ramis erectis semiteretibus. FOLIA plana, setaceo-acuminata vaginæque glaberrima; laminâ brevi et vaginâ dilatatâ longiore in superioribus. SPICÆ cylindricæ, simplices, ad apicem ramorum solitariæ, bipollicares, spiculis subquadragenis, obliquè imbricatis, in quolibet articulo racheos alternatìm geminatis, utrâque masculâ, muticâ; spiculâ terminali cujusque spicæ tantùm hermaphroditâ, fertili, aristatâ.

Spiculæ masculæ geminatæ, inæqualiter et brevissimè pedicellatæ; superiores basi pedicelli communis fasciculo pilorum fuscorum brevium stipati. Glumæ duæ oblongæ, acutæ, flavo-virides; exterior rigidior, dorso plana, margine in alâ membranaceâ extensa, glaberrima; interior paululùm brevior, membranacea, pellucida, carinata, trinervia, margine ciliata. Flosculi duo : inferior neuter, univalvis, paleâ lanceolatâ, carinatâ, uninerviâ, margine ciliatâ; superior masculus, bivalvis. Palea inferior spathulata, uninervia, ciliata; superior subquadruplò brevior, ovata, longè ciliata. Squamulæ duæ oblongæ, truncatæ, glabræ, paleæ superiori æquales. Stamina duo.

Spicula hermaphrodita unica, terminalis, solitaria nec spiculâ masculâ stipata, pedicello longiùs hirsuto, pilis castaneis. Glumæ duæ fuscæ, convolutæ, glaberrimæ; exterior truncata, multinervia, crustacea; interior trinervia, margine teneriore convoluta. Flosculus inferior.....? Flosculus superior hermaphroditus, bivalvis. Palea inferior : arista basi paululùm dilatata, canaliculata, glabra, supernè pubescens, contorta, fusca, spiculâ multoties longior spicâque integrâ major. Palea superior minima, membranacea, truncata, basi binervia, ciliata. Squamulæ duæ oblongæ, truncatæ, membranâ carnosâ, glabræ. Stamina tria. Ovarium oblongum, glabrum. Styli duo, basi approximati. Stigmata oblonga, aspergilliformia, fibrillis simplicibus, densis, undique patentibus.

Loc. : Ile de Bourou, l'une des Moluques.

2. ANDROPOGON SERICEUS.

A. culmo erecto subsimplici, lævi, nodis barbatis; foliis setaceo-acuminatis vaginisque glabris, ore tantùm pilosis; spicis 3-6, fasciculatis erectis, villoso-sericeis; spiculâ pedicellatâ univalvi; glumis exterioribus utriusque spiculæ oblongis, truncatis, planis, villosis, apiceque longè barbatis.

Andropogon sericeus, R. Br. *Prod. flor. Nov. Holl.*, p. 201.

Culmus erectus, subsimplex, bipedalis, teres, lævis, nodis barbatis. Folia setacea, acuminata, margine revoluta, glabra, ad basim propè ligulam tantùm pilosa; vaginâ lævi; ligulâ membranaceâ, truncatâ. Spicæ 3-6 fasciculatæ, erectæ, villoso-sericeæ, rachi pedicellisque ciliatis. Spiculæ geminatæ; alterà sessili, hermaphroditâ, bivalvi; alterâ pedicellatâ, uniglumâ, vacuâ, glumæ inferiori spiculæ sessilis conformi. Spicula sessilis: Glumæ duæ; inferior plana, oblonga, truncata, 7-nervia, nervis lateralibus carinatis, dorso pilosiuscula, margine et versùs apicem longè barbata, pilis sericeis albicantibus; superior trinervia, carinata, acuta, glabra. Flosculus inferior nullus. Flosculus superior in glumâ superiore receptus, bivalvis. Palea inferior: arista rigida, glumis quintuplò vel sextuplò longior, fusca, splendens, aspera, basi complanata et paululùm dilatata. Palea superior membranacea, glumis triplò brevior. Squamulæ duæ truncatæ. Stamina tria, antheris..... Ovarium oblongum, glabrum. Styli basi connexi superiùs divergentes, filiformes. Stigmata oblonga, fibrillis simplicibus approximatis, distichis?

Loc.: Port-Jackson, à la Nouvelle Hollande.

3. ANDROPOGON ARGENTEUS.

A. culmo simplici, lævi, nodis barbatis, vaginis glabris; foliis linearibus, acuminatis, inferiùs hirsutis, suprà pilosis; paniculà oblongâ, coarctatâ, rachi ramisque glabris, ramulis pedicellisque longè barbatis; glumis vix ad nervos ciliatis, lanceolatis; aristà flosculi hermaphroditi glumis triplò longiore, tenuissimâ, rectâ, pilis æquali; spiculà pedicellatâ univalvi, subulatâ, neutrâ.

Andropogon argenteum, Decand., *Catal. hort. monsp.*, p. 77; Kunth, *Nov. gen.*, I, 188.

Saccharum argenteum, Brousson., *El.*, p. 50; Jacq. *Ecl. gram.*, fasc. I, tab. 5.

Trachypogon argenteus, Nèes, *Agrost. bras.*, p. 348.

Loc.: Lima, au Pérou.

4. ANDROPOGON LEUCOSTACHYUS.

A. culmo ramoso, vaginis foliisque glabris, ramis fastigiatis; foliis linearibus, acutis, margine scabris, culmo brevioribus; vaginis superioribus dilatatis spathaceis; spicis 4-5 fasciculatis, extra spatham effusis, rachi pedicellisque longè albo-plumosis; spiculâ pedicellatâ, univalvi lanceolatâ; flosculi fertilis paleâ inferiore lanceolatâ, aristatâ; aristâ tenui rectâ, glumis duplò longiore, pilis multò breviore, quandoque nullâ.

Andropogon leucostachyus, KUNTH., *Nov. gen. plant.*, I, p. 187.
Anatherum virginicum, var. β, NÉES, *Agr. bras.*, p. 322.

Loc. : Ile Sainte-Catherine, sur la côte du Brésil.

Obs. Cette plante convient bien dans presque tous ses points à la description de M. Kunth; mais la bale inférieure de la fleur hermaphrodite est presque constamment aristée; je crois même que ce n'est que par accident que l'arête manque. Cette arête est très-fine, droite, et surmonte une bale membraneuse lancéolée à une seule nervure. Elle diffère ainsi beaucoup de l'arête épaisse et contournée de la plupart des ANDROPOGON, dont la base aplatie constitue à elle seule toute la bale; la bale supérieure de la même fleur est très-courte, tronquée, sans nervures. La fleur inférieure est à une seule valve et neutre.

5. ANDROPOGON CONDENSATUS.

A. culmo ramosissimo lævi, ramulis fasciculato-congestis, fastigiatis; foliis linearibus glabris; vaginis lævibus, superioribus aphyllis, spathaceis, spicas solitarias involventibus, rachi pedicellisque pilosis; spiculis pedicellatis, univalvibus subulatis; sessilibus lineari-subulatis, glumis acutis, flosculis uni-

valvibus, inferiore quandòque aristato, superiore paleà profundè bilobà, longiùs aristatà; aristà glumis duplò longiore.

Andropogon condensatus, Kunth, *Nov. gen.*, I, p. 188.
Schizachirium condensatum, Nèes, *Agr. bras,* p. 333.

Loc. : Ile Sainte-Catherine, sur la còte du Brésil.

Obs. Cette plante convient bien aux descriptions des auteurs
cités ci-dessus, et particulièrement à la description générique
que M. Nèes a donné de son genre *Schizachirium*, c'est-à-dire
que chacune des fleurs de l'épillet sessile est univalve, et que
la valve de la fleur supérieure est profondément bilobée jus-
que près de sa base, l'arète sortant du fond de cette échancrure ;
mais elle en diffère en ce qu'elle m'a toujours offert trois étamines et pas d'écailles, tandis que M. Nèes attribue des écailles
à toutes les espèces de ce genre et une seule étamine à cette
espèce. Un caractère assez remarquable que j'ai observé dans
beaucoup d'épillets de cette plante, c'est que la valve qui constitue la fleur inférieure, et qui est lancéolée et uninerviée, se
termine souvent en une arète presque aussi longue que celle de
la fleur supérieure.

§ 11. *Spiculis paniculatis plerùmque ternis* (Holcus, R. Br.).

6. ANDROPOGON TROPICUS.

A. culmo simplici erecto (tripedali), cylindrico, lævi, nodis
villosis; vaginis elongatis, margine ciliato-barbatis; foliis lineari-subulatis, planis, denticulatis, nervo medio albido; paniculà elongatà, ramulis verticillatis simplicibus brevibus;
spicis 8-10-floris; spiculis hermaphroditis, ovato-oblongis,
fulvis, externè pedicellisque villosis, glumis muticis: paleà infe-

riore flosculi hermaphroditi membranaceâ, profundè bilobâ, aristatâ; aristâ spiculâ quadruplò longiore, glabriusculâ, contortâ, fuscâ.

Andropogon tropicus, Sprengel; Kunth, *Révis. des Gram.*, p. 367, tab. 97.
Holcus fulvus, R. Br., *Prod. fl. Nov.-Holl.*, p. 199.

Loc. : Bourou, une des îles Moluques.

Obs. Le seul caractère par lequel les échantillons de cette localité paraissent différer de ceux figurés par M. Kunth consiste dans les longs poils qui garnissent les bords des gaines, et dans la forme plus atténuée vers leur extrémité des feuilles.

7. ANDROPOGON SACCHARATUS.

A. culmo simplici, cylindrico, nodis pubescentibus; foliis lineari-lanceolatis vaginisque glabris, margine scabris, laminâ ad basim (post ligulam) inferiùs villosâ; paniculâ maximâ, ramulis patulis, basi incrassatis, villosis, ramosis; spiculis ovato-lanceolatis, acutis, externè villosis, aristatis vel muticis.

Var. α, spiculis majoribus, plerisque aristatis.

Andropogon saccharatus, Kunth, *Rev. gram.* 164.
Holcus saccharatus, Linn., *Spec. pl.*, p. 1484; Willd., *Spec.*, IV, p. 930.

Var. β, spiculis paululùm minoribus, omninò muticis, fuscis.

Andropogon decolorans? Kunth, *Nov. gen.*, I, p. 190.
Holcus decolorans? Willd., *Spec.* IV, p. 931.

Loc. : Var. α, les Indes orientales, l'île Maurice; var. β, Bourou, dans les îles Moluques.

Obs. Les *Andropogon* ou *Holcus halepensis*, *saccharatus* et *Sorghum*, sont tellement voisins qu'il est difficile d'établir des limites nettes entre ces espèces, et je pense même que les deux dernières ne diffèrent que comme la plupart de nos variétés de céréales, par suite de la culture. L'absence ou la présence de l'arête est dans ces plantes un très-mauvais caractère pour distinguer les espèces, car elle varie de longueur et disparaît dans la même panicule ; la panicule lâche, étalée, comme dans l'*A. saccharatus*, ou dense et serrée, comme dans l'*A. sorghum*, ne sont pas, je crois, des caractères plus importants, car on trouve tous les intermédiaires : enfin, plus la panicule est serrée et plus les épillets deviennent courts et larges et les glumes obtuses.

Des caractères plus constants me paraissent exister dans les feuilles qui sont étroites et réellement linéaires dans l'*A. halepensis*, et glabres à leur base, tandis qu'elles sont plus larges, lancéolées, allongées, acuminées, et présentent à leur base, derrière la ligule, sur leur surface externe, une bande velue très-marquée dans l'*A. saccharatus;* les rameaux de la panicule sont presque glabres à leur base dans l'*A. halepensis*, très-velus dans l'*A. saccharatus*. Ces caractères sont communs aux *A. saccharatus* et *Sorghum*.

8. ANDROPOGON ACICULARIS.

A. culmo compresso, basi repente, ascendente, subsimplici; foliis lineari-lanceolatis, subradicalibus, obtusis, vaginisque glabris; paniculâ contractâ, ramulis simplicibus fastigiatis, supernè villosis; spiculis terminalibus ternis, lanceolatis, acuminatis; sessili hermaphroditâ aristatâ; pedicellatis masculis muticis; glumis glabris, carinis denticulatis, interiore brevè aristatâ; paleis lanceolatis, inferiore flosculi hermaphroditi aristatâ; aristâ spiculâ duplò longiore capillari.

Andropogon acicularis, Willd., *Spec. plant.*, IV, p. 906;
Retz, *Obs.* V, p. 22.

Andropogon aciculatus, Roxb., *Fl. ind.*, I, 266.

Gramen aciculatum, Rumph., *Amb.*, VI, p. 13, tab. 5, fig. I.

Loc. : Amboine, dans les Moluques; Offack, île Waigiou.

POGONATHERUM. P. Beauv.

Spiculæ geminatæ, inæqualiter pedicellatæ, omnes
fertiles, conformes, uni vel sesquifloræ. Glumæ duæ
subæquales, inferiore subbinerviâ, superiore uninerviâ, longè aristatâ. Flosculus inferior neuter, univalvis vel nullus. Flosculus superior bivalvis, paleis
membranaceis, inferiore uninerviâ, longissimè aristatâ,
superiore enerviâ, muticâ. Squamulæ nullæ. Stamen
unicum. Ovarium oblongum, glabrum. Styli basi approximati. Stigmata oblonga, undique fibrillosa.

§ 1. *Flosculus inferior univalvis; flosculus superior,
paleis æqualibus, membranaceis, inferiore latâ emarginatâ, aristâ è scissurâ nascente.* (Pogonatherum.)

1. POGONATHERUM CRINITUM.

P. culmo erecto, ramoso, glabro; foliis erectis, planis, lineari-lanceolatis, vaginis striatis, ore ciliatis; spicis numerosis,
ad apicem ramulorum gracilium solitariis, pollicaribus; spiculis,
basi pilis, glumis longioribus, involucratis, alterâ sessili, alterâ
pedicellatâ; aristis glumæ et paleæ gracilibus, æqualibus, glabris,
spiculis sextiès longioribus; aristâ paleæ vix basi contortâ.

natis; involucro patente, setis subæqualibus, tenuissimis, splendentibus, vix scabris.

Culmus bi-tripedalis, ascendens, basi geniculatus, cylindricus vel altero latere canaliculato, glaberrimus. Folia, vaginâ convolutâ, laxâ, margine scariosâ, tripollicari, striatâ, glabrâ; ligulâ brevissimâ, truncatâ; laminâ lineari-lanceolatâ, apice acuminato-subulatâ, subpedali, planâ, lineis 6-8 latâ, striatâ, glaberrimâ, margine asperâ. Spica nutans, inflexa, sex vel octopollicaris, cylindrica, densa; spiculis approximatis, setisque patentibus, fulvis. Involucra completa; setis numerosis, subæqualibus, spiculâ quadruplò longioribus, capillaribus, scabriusculis, fulvis et splendentibus.

Spiculæ fusiformes, acutæ, glaberrimæ, bifloræ. Glumæ duæ; inferior subenervis, scariosa, obtusa, superiore duplò brevior; superior ovato-lanceolata acuta, uninervia, spiculâ duplò brevior. Flosculus inferior neuter, univalvis; paleâ lanceolatâ, acuminatâ, 5-nerviâ, flosculo superiori subæquali. Flosculus superior hermaphroditus, bivalvis. Palea inferior 5-nervia, lanceolata, acuminata, brevèque aristata, convoluta, chartacea; superior subæqualis, binervia, lanceolata, convoluta. Squamulæ nullæ. Stamina tria, filamentis filiformibus, antheris oblongis. Ovarium oblongum, apice acuminatum, glabrum. Styli duo, basi connexi, superiùs liberi, filiformes. Stigmata elongata, angusta, linearia; fibrillis brevibus, simplicibus, undique insertis.

Loc.: Bourou, dans les Moluques.

Planche XI. *Gymnotrix macrostachys*, de grandeur naturelle. Fig. 1, un épillet entouré de son involucre; fig. 2, une portion d'une des soies de l'involucre très-grossie; fig. 3, un épillet dépouillé de son involucre; fig. 4, glume inférieure; fig. 5, glume supérieure; fig. 6, bale de la fleur inférieure; fig. 7, bale inférieure de la fleur supérieure; fig. 8, bale supérieure de la même fleur; fig. 9, pistil entouré des étamines.

CENCHRUS. R. Brown.

Involucrum spiculas 1-3 includens, è setis crassioribus, pluribus seriebus dispositis, sæpiùs complanatis, basi coalitis, compositum, submonophyllum. SPICULÆ bifloræ, acutæ, muticæ. GLUMÆ duæ inæquales, inferiore quandoque deficiente. FLOSCULUS INFERIOR bivalvis, masculus vel neuter, paleis sæpiùs inæqualibus. FLOSCULUS SUPERIOR hermaphroditus, paleis subæqualibus, acutis, membranaceis, convolutis. SQUAMULÆ nullæ. STAMINA tria. OVARIUM oblongum, glabrum. STYLI duo basi subconnexi. STIGMATA elongata, undique fibrillosa.

§ 1. *Gluma unica; spiculæ subternæ in eodem involucro.*

1. CENCHRUS ECHINATUS.

C. culmo ascendente, basi geniculato, compresso, glabro; foliis linearibus, vaginisque glabris; spicâ sesquipollicari, involucris approximatis, setis externis setaceo-filiformibus, retrorsùm scabris, erectis, interioribus lanceolatis, coalitis, introrsùm flexis, basi vix pubescentibus; spiculis ternis, glumâ acutâ, flosculo inferiore neutro.

Cenchrus echinatus, CAVAN., *Icon.,* V, p. 39, tab. 462; VAHL., *Enum.,* II, p. 395; WILLD., *Spec. plant.,* I, 317; KUNTH, *Nov. gen. et spec.,* I, p. 114.

Loc. : Bourou, dans les Moluques.

2. CENCHRUS PUNGENS.

C. culmo ascendente, basi geniculato, compresso, glabro; foliis lineari-lanceolatis, acutis, planis, vaginisque glabris;

spicâ pollicari, involucris approximatis, setis erectis, externis setaceis, interioribus subulatis basi coalitis villosis, margine longè ciliatis; spiculis subgeminis, glumâ obtusâ, flosculo inferiore masculo vel neutro.

Cenchrus pungens, Kunth, *Nov. gen. et spec.*, I, p. 115; Nèes, *Agrost. bras.*, p. 288.

Loc. : L'île Sainte-Catherine, au Brésil.

3. CENCHRUS ANOMOPLEXIS.

C. culmo erecto, compressiusculo, glabro; foliis lineari-subulatis, planis, vaginisque asperis; spicâ sexpollicari, angustâ, cylindricâ, rachi villoso; involucris patentibus, inferiùs distantibus, setis erectis, subulatis, retrorsùm denticulatis, interioribus basi longè ciliatis, alterâ longiore; spiculis subternis, glumâ acutâ, flosculo inferiore bivalvi masculo.

Cenchrus anomoplexis, Labill., *Sert. austro-caled.*, p. 14, tab. 19.

Loc. : Iles de Taïti et de Borabora, archipel de la Société.

§ 2. *Glumæ duæ; spiculæ subsolitariæ.*

4. CENCHRUS MYOSUROIDES.

C. culmo ascendente, basi geniculato, compressiusculo, glabro; foliis linearibus, vaginisque striatis, asperis, laminâ supernè pilosiusculâ; spicâ cylindricâ, quadripollicari angustâ, involucris approximatis, parvis, setis subulatis, numerosis, liberis, exterioribus patentibus, interioribus erectis, asperis, glabris; spiculâ solitariâ, glumis acutis, flosculo inferiore neutro bivalvi.

Cenchrus myosuroides, KUNTH, *Nov. gen. et spec.,* I, p. 115, tab. 35.

Loc. : Les environs de Lima.

5. CENCHRUS TRIBULOIDES.

C. culmo humili, basi procumbente, geniculato, compresso, glabro; foliis lineari-subulatis, glabris, vaginis dilatatis margine pilosis; spicâ pollicari, paucifiorâ; involucris laciniis compressis, basi coalitis, apice liberis, subulatis, rigidis, pungentibus, exterioribus patentibus, interioribus 4-5 erectis; spiculis subgeminatis, glumis acutis, flosculo inferiore neutro.

Cenchrus tribuloides, LINN., *Spec. pl.,* p. 1489; NÈES, *Agrost. bras.,* p. 288.

Loc. : L'île Sainte-Catherine, sur la côte du Brésil.

SETARIA.

SPICULÆ bifloræ. GLUMÆ duæ, sæpius inæquales nervosæ. FLOSCULUS INFERIOR bivalvis, neuter, paleis membranaceis. FLOSCULUS SUPERIOR hermaphroditus, bivalvis, paleâ inferiore crustaceâ induratâ, muticâ. SQUAMULÆ truncatæ carnosæ. STIGMATA aspergilliformia. CARYOPSIS paleis induratis inclusa. INVOLUCRUM è setis fasciculatis spiculam cingentibus, persistentibus nec cum ea caducis.

1. SETARIA GLAUCA.

S. racemo spicato cylindrico, involucellis spiculis longioribus patentibus; glumâ superiori dimidiam partem flosculi hermaphroditi vix obtegente ; paleâ flosculi hermaphroditi transversè rugosâ; culmo ascendente ramoso , supernè angu-loso; foliis culmo brevioribus, lineari-lanceolatis, basi barbatis.

Panicum glaucum, Willd., *Spec. pl.,* I, p. 735; Schrad., *Fl. germ.,* I, p. 241; Dec., *Fl. fr.* III, p. 13; Nèes., *Agr. bras.,* p. 240.
Setaria glauca, Rœm. et Sch., *Spec.,* II, p. 490.

Loc. : Bourou et Amboine dans les Moluques.

Obs. Les échantillons de ces localités ne diffèrent de ceux d'Europe que par leurs tiges souvent plus élevées, et leurs épillets plus petits et un peu plus pointus. Les soies de l'involucre sont généralement un peu plus longues, plus fines et moins rudes.

2. SETARIA IMBERBIS.

S. racemo simplice cylindrico angusto , involucellis spi-culis longioribus erectis; glumâ superiori flosculum herma-phroditum subæquante; paleâ inferiore flosculi hermaphroditi transversè rugulosâ ; culmo erecto apice ancipite; foliis culmo brevioribus, linearibus, angustissimis, nudis vel pilis longis in-spersis.

Setaria imberbis, Ræm et Sch., *Spec.,* II, 891.
Panicum imberbe, Poir., *Enc. suppl.,* IV, p. 272; Nèes, *Agr. bras.* p. 239.

Loc. : Près de la ville de la Concepcion, au Chili.

Obs. Cette espèce a tout-à-fait l'aspect du *Setaria purpu-rascens,* Kunth (Nov. Gen., I, p. 110), qui en diffère cependant par ses feuilles planes et larges, et par sa glume supérieure plus courte.

PANICUM. Pal. Beauv.

Spiculæ bifloræ, flosculis dissimilibus. Glumæ duæ inæquales vel subæquales, multinerviæ. Flosculus inferior masculus vel neuter. Palea inferior multinervia, mutica, glumæ superiori æqualis et similis; Palea superior membranacea vel nulla. Flosculus superior hermaphroditus. Paleæ coriaceæ in fructu induratæ; inferior valdè concava mutica; superior planiuscula. Squamulæ carnosæ, cuneatæ, truncatæ, apice sæpiùs erosæ. Stamina tria. Ovarium glabrum ovatum. Styli duo, basi approximati, graciles. Stigmata ovato-oblonga, aspergilliformia : Caryopsis paleis induratis tecta.

† Glumæ inæquales, superiore duplò longiore;
** Spica solitaria cylindrica.*

1. PANICUM PHLEOIDES.

P. spicâ cylindraceo-oblongâ, floribus imbricatis, ovatis, acutis, pubescentibus, foliis planis, culmoque glabro basi ramoso. R. Br., *Prod. flor. Nov.-Holl.,* p. 189.

Loc. : Amboine.

2. PANICUM MYOSUROIDES.

P. spicâ cylindraceâ, floribus imbricatis, ovatis, obtusiusculis, foliisque glabris planis, culmo repente, R. Br., *l. c.,* p. 189.

Loc. : Port Jackson, à la Nouvelle-Hollande.

** *Spicæ alternæ indivisæ; spiculis unilateralibus.*

3. PANICUM GRACILE.

P. culmis fasciculatis erectis foliisque glabris, laminis setaceis convolutis, vaginis margine villoso-ciliatis; spicis alternis distantibus, rachi adpressis, subsessilibus, brevibus, rachibus apice nudo brevi aristæformi, spiculis ovatis glabris, glumis 5-nerviis ovatis acutiusculis, flosculo hermaphrodito tenuissimè rugoso acuto ; paleâ flosculi inferioris brevissimè mucronatâ.

Panicum gracile, R. Br., *Prod. flor. Nov.-Holl.*, p. 190.

Loc. : Port Jackson, à la Nouvelle-Hollande.

4. PANICUM AFFINE.

P. spicâ compositâ, partialibus alternis imbricatis, muticis, spiculis bifariis ovato-ventricosis, glumâ inferiore brevissimâ truncatâ, superiore obovatâ rotundatâ flosculis parum breviore, flosculo inferiore masculo bivalvi; caryopsi ovatâ acutâ læviusculâ; culmo vaginato foliisque lineari-attenuatis glabris.

Panicum affine, Nèes, *Agr. bras.*, p. 118, (desc. optima).
Panicum brizoides, Lamk., *Ill. gen.* I, p. 170, (non Linn.)
Digitaria affinis, R. et Sch., *Sp.* , II, p. 470.
Panicum paspaloides, Raddi, *Agr. bras.*, p. 45.

Loc. : Lima et Payta sur la côte du Pérou.

*** *Spiculæ paniculatæ.*

5. PANICUM MAXIMUM.

P. paniculâ racemosâ decompositâ, verticillatâ, erectâ, patulâ, pedicellis nudis vel subflore piligeris; spiculis ellipticis obtusis cum mucrone, glabris, lævibus; glumâ inferiore ovato-orbiculatâ obtusâ vaginante; flosculo masculo bivalvi; caryopsi rugulosâ; culmo erecto, nodis paniculæque ramificationibus subsericeo-villosis, vaginis subgranulatis foliisque planis glabriusculis vel setulosis. Nèes.

Panicum maximum, Nèes, *Agr. bras.*, p. 166; Jacq. *coll.*, I, p. 76; *Icon. rar.*, I, 13; Willd., *Spec. pl.*, I, p. 349.

Loc. : Bourou, dans les Moluques.

6. PANICUM CONVOLUTUM.

P. paniculâ racemosâ angustâ, ramis alternis contractis flexuosis, spiculis ovatis, acutis, glabris, nervoso-striatis; glumâ inferiore minimâ rotundatâ; caryopsi lævi; culmo erecto, stricto, nodisque glabris; foliis strictis, convolutis, acutis, superiùs pilosis, basi vaginisque margine molliter villosis.

Panicum convolutum, Pal. Beauv., *In herb. Willd.* Nees, *Agr. bras.*, p. 173.

Culmus glaberrimus, erectus, cylindricus. Folia setacea convoluta, erecta, subpungentia, supernè margineque pilosa, inferiùs glabra; vaginis margine villosis. Panicula ramosa, ramis erectis, alternis. Spiculæ sæpiùs geminatæ, inæqualiter pedicellatæ, ovatæ, glaberrimæ. Glumæ duæ valdè inæquales; inferior minima, scariosa, enervia, vel basi 5-nervia, subrotunda obtusa; superior ovata, glaberrima, 9-nervia, mutica. Flosculus inferior masculus bivalvis; Palea exterior, glumæ superori æqualis et omninò similis. Superior lanceolata, binervia, complicata,

stamina involvens; Squamulæ duæ minimæ, emarginatæ, ad basim utriusque lateris filamenti staminis medii. Stamina tria, antheris linearibus dorso
affixis. Ovarium nullum. Flos superior bivalvis, paleis æqualibus, glumâ
paleâque flosculi sterilis brevioribus, coriaceis. Palea inferior seu exterior
ovata, concava, coriacea, enervia. Superior ovato-lanceolata, complanata,
stamina pistillumque involvens. Squamulæ duæ, cuneatæ, truncatæ, membranaceæ, enerviæ. Stamina tria, filamentis capillaribus, antheris oblongo-
linearibus. Ovarium minùs oblongum glabrum. Styli duo filiformes ex
apice ovarii nascentes. Stigmata ovato-oblonga, aspergilliformia, papillis
elongatis, densè et undiquè patentibus.

Loc. : Bourou dans les iles Moluques.

7. PANICUM BICOLOR.

P. paniculâ lanceolatâ; ramis patentibus, gracilibus, strictis,
parùm divisis; ramulis paucifloris; spiculis distantibus, ovatis,
acutis, glabris; flosculo neutro, bivalvi; hermaphrodito, glaberrimo, nitido; foliis supernè villosiusculis, linearibus, apice
convolutis, acutis.

Panicum bicolor, R. Br., *Prod. flor. Nov-Holl.*, p. 191.

Loc. : Port-Jackson.

8. PANICUM SABULORUM.

P. culmis erectis, glabris, supernè pubescentibus; foliis lineari-lanceolatis, erectis, rigidis, acutis, margine convolutis,
basi vaginisque ciliatis; paniculâ lanceolatâ, ramulis divisis.
brevibus, patentibus, pubescentibus; spiculis obovatis, obtusis,
altero latere gibbosis, puberulis: glumis ovatis; flosculo hermaphrodito lævi; flosculo inferiore bivalvi, neutro.

Panicum sabulorum, Lamk., *Encycl.*, IV, p. 74 (ex speciminibus in herb. mus. Parisiensis).

Culmi pedales, basi ramosi, ascendentes, glabri, cylindrici, sub paniculâ puberuli. Folia arctè vaginantia, erecta, rigida, glabra, laminâ lineari-lanceolatâ, apice setaceâ, rigidâ, paululùm convolutâ; basi vaginisque margine villoso-ciliatis. Panicula lanceolata, ramis ramosis patentibus, puberulis. Spiculæ obovatæ obtusæ, glabræ vel vix pubescentes. Glumæ inæquales; inferior subduplò brevior, ovato-subrotunda, trinervia, glabra; superior ovata, concava, 7-nervia, obtusa, externe pubescens. Flosculus inferior bipaleaceus, neuter. Palea exterior ovata, 7-nervia, vix externè pubescens, obtusa. Interior plana, binervia, membranacea, lanceolata, acuta, exteriori subæqualis. Flosculus superior hermaphroditus, paleis coriaceis lævibus. Palea inferior ovato-subrotunda, concava, non latere compressa, enervia, margine convoluta. Palea superior, subplana, convoluta, enervia, margine et basi subauriculata. Squamulæ duæ cuneatæ, carnosæ, truncatæ, enerviæ. Stamina tria, antheris ovato-subrotundis, didymis. Ovarium ovato-oblongum, glabrum. Styli duo basi approximati filiformes. Stigmata aspergilliformia, fibrillis approximatis, subdistichis, simplicibus.

Loc.: Près de la Conception, au Chili.

9. PANICUM PUBESCENS.

P. culmo erecto, ramoso, vaginis foliisque mollè villosis; foliis lanceolatis, acutis, erectis, margine convolutis; paniculis vix exsertis, brevibus, rachi ramulisque tomentosis; spiculis subgeminatis, brevè pedicellatis, pubescentibus, ovatis, obtusis; glumâ inferiori spiculâ quadruplò breviore.

Panicum pubescens, Mich., *Flor. Am. bor.*, I, p. 49; Lamk., *Enc.*, IV, p. 748; Pers., *Syn.*, I, p. 84; Nées, *Agrost. bras.*, p. 228.

Var. β. Paniculis angustioribus, ramulis crassioribus brevioribus, glumâ inferior spiculâ, dimidio breviore.

Culmi fasciculati, stricti, ramosi, striati, mollè villosi, cinerascentes. Folia erecta, rigida, lineari-lanceolata, acuta, inferiùs vaginaque

striata, undiquè villosa. Paniculæ paucifloræ, lanceolatæ, ramulis brevibus erectis pubescentibus. Spiculæ obovatæ, obtusæ, pubescentes,
viridescentes. Glumæ duæ inæquales; Exterior duplò brevior, ovata,
obtusa, uninervia, vix pilosiuscula. Interior ovata, obtusa, 7-nervia,
externè pubescens. Flosculus inferior bipaleaceus neuter. Palea exterior
glumæ superiori similis; interior angustissima, membranacea, enervia.
Flosculus superior hermaphroditus. Palea inferior ovata, concava,
convoluta, non compressa, enervia, crustacea. Palea superior subplana,
convoluta, margine subauriculata, enervia. Squamulæ duæ, cuneatæ,
truncatæ, carnosæ. Stamina tria, antheris ovatis. Ovarium oblongum,
glabrum. Styli duo basi distincti, approximati, divergentes, filiformes.
Stigmata brevia, aspergilliformia, fibrillis densis simplicibus.

Loc. : Ile Sainte-Catherine, sur la côte du Brésil.

10. PANICUM SCIUROTIS.

P. culmo ramoso, basi repente, nodis hirsutis; vaginis ciliatis, basi è tuberculis hirsutis; foliis cordato-oblongis, acuminatis,
utrinquè subvillosis; paniculà capillari obovatà, rachi ramisque
patentè hirsutis, ramis erecto-patulis, è basi densè fasciculatoramosis; pedicellis unifloris; spiculis oblongis, acutis, glabris;
flosculo neutro, bivalvi; caryopsi lævi. Nèes.

Panicum sciurotis, Nèes, *Agr. bras.*, p. 209 (desc. optima).

Loc. : L'île Sainte-Catherine, au Brésil.

11. PANICUM MULTINODE.

P. culmo repente, ascendente, geniculis crebris, glabris; vaginis internodiis brevioribus, margine piloso-ciliatis; foliis
lanceolatis, acutis, planis, utrinquè pilosis; paniculà lanceolatà,
glaberrimà, ramulis fastigiatis, capillaribus; spiculis obovatis,
obtusis, obliquis, gibbis, flosculo inferiori neutro bivalvi, fertili nervoso lævi; glumà inferiori ovatà, spiculà duplò breviore.

Panicum multinode, Lamk., *Enc.*, IV, p. 747.

Culmi semipedales, graciles, basi repentes, geniculati, nodis crebris, æquidistantibus, glaberrimis, cylindricis. Folia, vaginis internodiis brevioribus, glabris, margine piloso-ciliatis, laminis lanceolatis acuminatis, planis, utrinquè pilosis. Panicula lanceolata, angusta, tripollicaris, ramulis capillaribus flexuosis, fastigiatis, glaberrimis. Spiculæ obovatæ, obtusæ, obliquæ, bifloræ, glaberrimæ. Glumæ duæ inæquales, insertione distantes. Inferior minor, ovata, trinervia. Superior obovata, concava, navicularis, 5-nervia, margine scariosa. Flosculus inferior neuter, bivalvis. Palea inferior ovata, concava, convoluta, 5-nervia, membranacea, fusca, glumæ superioris subsimilis et æqualis. Palea superior angusta, lanceolata, membranacea, binervia, stamina abortiva involvens. Flosculus superior hermaphroditus, ovatus, latere compressus. Palea inferior obtusa, valdè concava, latere compressa, coriacea, 5-nervia. Palea superior binervia, ovato-lanceolata, obtusa, convoluta. Squamulæ duæ minimæ, cuneatæ, truncatæ, carnosæ. Stamina tria. Ovarium obovatum, glabrum. Styli duo è vertice ovarii nascentes, basi divergentes, forcipiformes. Stigmata juniora.

12. PANICUM MURICATUM.

P. culmo basi geniculato nodisque glaberrimis; foliis lineari-lanceolatis, patentibus, planis, vaginisque glabris margine ciliatis; paniculâ maximâ patente, ramis distantibus, capillaribus, ramosis; spiculis raris, longè pedicellatis, obovatis, obtusis, gibbosis; glumâ superiore trinerviâ, paleâque flosculi inferioris tuberculato-hirtis.

Panicum muricatum, Retz, *Obs.*, IV, p. 18; Willd., *Spec. pl.*, I, p. 348; Nèes, *Agr. bras.*, p. 207.

Culmi sesquipedales, erecti, geniculati, flexuosi, cylindrici, læves, nodique glaberrimi, frequentes. Folia, vaginis internodiis brevioribus, glabris, striatis, margine externâ ciliatis, laminis inferioribus lanceolatis, superioribus lineari-lanceolatis, acutis, planis, ad basim denticulatociliatis; ligulà membranaceà rotundatà. Panicula subpedalis, lanceolata, laxa, ramis alternè fasciculatis, elongatis, erectis, patentibus, ramosis, capillaribus, glaberrimis, ultimis flexuosis. Spiculæ obovatæ, subcuneiformes, obliquè truncatæ, glumis paleàque flosculi sterilis externè tuberculosis, sparsè pilosis. Glumæ duæ, inferior duplò brevior, ovata, acuta, trinervia, glabra; superior obovata, concava, obtusa, trinervia, externè tuberculata, rigidè pilosa. Flosculus inferior neuter, bipaleaceus. Palea inferior obovata, glumæ superiori similis, trinervia. Palea superior minima, membranacea. Flosculus superior hermaphroditus, paleis lævibus, crustaceis, obtusis; inferior compressa, valdè concava, navicularis, 3-nervia, apice tuberculosa; superior planiuscula, binervia, convoluta, ovatolanceolata, obtusa. Stamina tria. Ovarium et Stigmata juniora.

Loc. : Bourou, dans les Moluques.

†† *Glumæ subæquales multinerviæ.*

13. PANICUM URVILLIANUM. Pl. IX.

P. paniculà racemosà, ramulis elongatis, erectiusculis, rachique villosis: spiculis solitariis vel geminatis, subsessilibus, ovatis, sericeo-villosis: foliis linearibus, superioribus filiformibus, apice setaceo convoluto, vaginisque superioribus retrorsùm villoso-sericeis: vaginis inferioribus dilatatis, aphyllis, glabris, scariosis, laxis.

Surculi repentes, culmos emittentes ascendentes, undiquè vaginis foliorum tectos, basi vaginis latis, scariosis, laxis, albidis, limbo destitutis, involutos. Culmus in partibus non vestitis, villosus, pilis retrorsùm spectantibus. Folia inferiora vaginis laxis, superiora adpressis, laminà in inferioribus superioribusque breviori, in intermediis longissimà (paniculam superante), angustà, lineari, apice convolutà, filiformi, utrisque paginis, sed præcipuè inferiori, vaginisque densè retrorsùm sericeo-villosis. Panicula racemosa, subsecunda, ramulis distantibus, inferioribus elongatis filiformibus, superioribus brevioribus subpatentibus, omnibus rachique villosis. Spiculæ inferiores geminatæ, superiores solitariæ, subsessiles, pedicellis brevibus villosis, apice villis longioribus cinctæ, ovatæ. Glumæ subæquales, ovatæ, acutæ, subundecimnerviæ, externè hirsutæ, margine membranaceâ convolutâ, bifloræ. FLOSCULUS INFERIOR bivalvis, masculus. Palea inferior acuta, sub-novemnervia, dorso sublævis, ad marginem pilosa, glumis æqualis; superior subæqualis, membranacea. glabra, binervia. SQUAMULÆ duæ et STAMINA tria, ut in flosculo hermaphrodito. FLOSCULUS SUPERIOR inferiore brevior, hermaphroditus. PALEA EXTERIOR coriacea, convoluta, glaberrima, lævis, margine ciliata; INTERIOR planiuscula, glabra, marginibus complicatis, tenuioribus, subauriculatis. SQUAMULÆ duæ, conicæ, infundibuliformes, carnosæ, margine denticulatâ erosâ. STAMINA tria, antheris oblongo-linearibus, atro-fuscis. OVARIUM ovato-oblongum, glabrum. STYLI duo filiformes. STIGMATA ovata.

Loc. : La Conception, au Chili.

PLANCHE IX. Plante de grandeur naturelle. Fig. 1, un épillet grossi; fig. 2, une des glumes; fig 3, bale externe de la fleur inférieure; fig. 4, bale externe de la fleur supérieure; fig. 5, bale interne de la fleur inférieure; fig. 6, une des écailles; fig. 7, une des étamines; fig. 8, bale interne de la fleur fertile enveloppant les organes reproducteurs; fig. 9, pistil.

ICHNANTHUS. PAL. BEAUV.

SPICULÆ bifloræ. GLUMÆ duæ subæquales, 5-7 nerviæ, muticæ. FLOSCULUS INFERIOR sessilis, bivalvis, masculus vel neuter, paleâ inferiore 5-nerviâ. FLOSCULUS SUPERIOR pedicellatus, pedicello interiùs duabus laminis membranaceis oblongis aucto. PALEÆ coriaceæ; inferior concava, margine convoluta, 5-nervia; superior plana, binervia. SQUAMULÆ duæ carnosæ, obconicæ. STAMINA tria. OVARIUM ovatum, glabrum. STIGMATA....

1. ICHNANTHUS FASTIGIATUS. Pl. XVIII.

I. culmo erecto pilosiusculo ; foliis , vaginisque glabris, lanceolatis, acuminatis, margine calloso, revoluto, pubescente;

paniculâ erectâ, fastigiatâ , glabrâ, spiculis solitariis vel geminis, oblongis acutiusculis, glumis subæqualibus 5-7 nerviis,
flosculo inferiori bipaleato masculo vel neutro.

Culmus erectus, striatus, pennâ corvinâ paulò crassior, pilosiusculus.
Folia vaginis angustis, adpressis, usque ad basim fissis, culmumque imperfectè involventibus, sursùm biauriculatis, margine villosis; ligulâ brevissimâ, pilosâ; limbo lanceolato vel oblongo-lanceolato, acuminato, basi
angustato, patente, plano, nervoso, margine calloso reflexo, pilis brevibus albis tecto. Panicula ampla, 8-10 pollicaris fastigiata, glaberrima,
ramis ternis, binis vel solitariis, alternis, erectis, ramosis, ad basim non
pilosis, ramulis alternis adpressis, spiculis solitariis vel geminatis, altero
pedicellato, ovato-oblongis. Glumæ duæ æquales vel subæquales, insertione paululùm distantes, inferior ovato-lanceolata, acuta, 5-nervia; superior ovato-oblonga, 7-nervia. Flosculus inferior sessilis, bipaleaceus,
masculus, vel potiùs staminibus imperfectis neuter. Palea inferior glumis
similis et æqualis, 5-nervia; superior paulò brevior, angusta, membranacea, binervia. Stamina 3, antheris minimis, oblongis, imperfectis. Flosculus superior distinctè pedicellatus, pedicello interiùs aucto processubus
duobus auriculæformibus, lanceolatis, membranaceis, obtusis, enerviis,
inter flosculum hermaphroditum et neutrum positis. Paleæ æquales, obtusæ, glaberrimæ, coriaceæ; inferior concava, margine convoluta, 5-nervia;
superior complanata, margine replicatâ, binervia. Squamulæ duæ obconicæ, carnosæ, apice concavæ. Stamina 3, antheris linearibus. Ovarium
ovatum, glabrum. Stigmata....

Loc. : Ile Sainte-Catherine, au Brésil.

Obs. Cette espèce se distingue facilement de l'*Ichnanthus
panicoïdes.* Pal. Beauv., par ses feuilles plus étroites, par sa panicule à rameaux dressés, fastigiés, très-rapprochés, par ses épillets dont les glumes sont oblongues, presque égales, moins
aiguës. La comparaison des échantillons de cette espèce conservés dans l'herbier du Muséum ne laisse aucun doute sur leur
distinction.

Outre le caractère spécial qui distingue ce genre, cette espèce me paraît encore différer sensiblement des *Panicum*, avec lesquels on pourrait la confondre au premier aspect ; ce sont particulièrement les *Panicum glutinosum*, *isocaly-cinum*, Mey, et *Phragmites*, Nèes, qui ont beaucoup de ressemblance par leur port, mais qui se distinguent, les deux premières par leurs feuilles ciliées et par les rameaux de la panicule étalés et barbus à la base, et la dernière par ses feuilles linéaires lancéolées hispides, et par la fleur neutre de ses épillets univalve. Enfin les deux appendices qui caractérisent le genre *Ichnanthus*, ne sont indiqués dans aucune de ces espèces par les auteurs qui les ont décrites.

Quant à ces appendices, on leur a peut-être accordé trop d'importance en les considérant comme fournissant un caractère générique. M. Palisot-Beauvois les a regardés à tort comme représentant une troisième fleur avortée. Ils ne me paraissent être que des lames membraneuses dépendant du pédicelle ou de l'axe commun de l'épillet, et tout-à-fait semblables à ceux qui existent des deux côtés de l'axe des épillets d'une espèce de Mariscus de l'île de l'Ascension que nous décrirons plus loin.

Planche XVIII. *Ichnanthus fastigiatus*, de grandeur naturelle. Fig. 1, épillet entier ; fig. 2, le même, dont les parties ont été écartées artificiellement ; *aa* les deux glumes ; *b* fleur inférieure ; *c* fleur supérieure ; fig. 3, la fleur supérieure détachée, montrant à sa base ses deux appendices membraneux, lancéolés, insérés sur le pédicelle de cette fleur.

UROCHLOA. Pal. Beauv.

Spiculæ bifloræ. Glumæ duæ inæquales, acutæ, 5-nerviæ. Flosculus inferior masculus vel neuter, paleis inæqualibus ; exterior membranacea, nervosa, 5-nervia, acuta, glumæ superiori æqualis, interior brevior, binervia. Flosculus superior, paleis æqualibus, crustaceis, subenerviis, externè rugosis, obtusis; exterior concava, apice aristata, aristà rectà, rigidà, brevi; interior complanata, mutica. Squamulæ 2 cuneiformes, truncatæ. Stamina tria. Ovarium ovatum, glabrum. Styli duo, basi approximati. Stigmata aspergilliformia, oblonga, densa.

1. UROCHLOA GLABRA.

U. spicis ternis erectis; spiculis ovatis, acutis, glaberrimis, uno latere alternatìm geminatis, rachi pedunculisque angulosis scabris; pedunculis apice dilatatis nudis (involucro setoso nullo), longiori flosculum subæquante; glumà inferiore superiore paulò breviore; paleis flosculi inferioris neutri valdè inæqualibus, interiore minimà; paleis flosculi hermaphroditi obtusis æqualibus, externè rugosis; caule debili, foliis pilosis.

Culmus gracilis sesquipedalis vel bipedalis, glaberrimus, lævis, ad nodos villosus. Folia linearia, acuta, plana, utriusque lateris pilosa; vaginà elongatà, striatà, glabrà, margine ciliatà; ligulà e pilis densis rigidis. Inflorescentia spicis 3-4, alternis erectis, rachi triangulari ad angulos asperà et subciliatà: spiculis geminatis, pedunculis inæqualibus angulosis, ad angulos asperis, apice dilatatis, longiore spiculas æquante; pilis rigidis nullis sub spiculas.

Spiculæ ovatæ-lanceolatæ, acutæ, nervosæ, glaberrimæ, bivalves, bifloræ. Glumæ duæ, lanceolatæ, 5-nerviæ, concavæ, non carinatæ, vix inæquales, exteriore paululùm breviore. Flos inferior neuter subunipaleaceus. Palea exterior glumæ interiori æqualis, lanceolata, 5-nervia; superior brevissima, subrotunda, binervia. Flos superior fertilis, paleis coriaceis, paleà flosculi inferioris involutis et omninò inclusis, etiam aristà. Palea externa ovato-oblonga, concava, enervia, margine coriaceo, externè rugosa, apice breve aristata, aristà setaceà, rectà, rigidà. Palea interna exteriori æqualis, plana vel vix concava et paleæ exteriori valdè adpressa. Squamulæ 2 truncatæ. Ovarium ovato-oblongum. Stamina et Stigmata delapsa.

Loc. : Bourou, dans les Moluques.

Obs. Cette espèce diffère de l'*Urochloa panicoides*, figurée par Palisot de Beauvois, et des échantillons conservés dans l'herbier du Muséum, 1° par les glumes et les bales de ses épillets parfaitement glabres; 2° par l'absence des soies roides qui, insérées sur le sommet des pédoncules, environnent chacun des épillets; 3° par la glume inférieure qui égale presque la glume supérieure, tandis que dans l'*Urochloa panicoides*, elle est beaucoup plus courte.

ECHINOCHLOA, Pal. Beauv.

Spiculæ bifloræ. Glumæ duæ valdè inæquales, superiore longiore acuminatâ vel aristatâ. Flosculus inferior neuter uni vel bivalvis, paleis membranaceis, inferiore nervosâ, in aristam elongatam denticulatam desinente. Flosculus superior hermaphroditus, bivalvis, paleis chartaceis, in fructu induratis, muticis, inferiore quandoquè mucronatâ.

1. ECHINOCHLOA CRUS-GALLI.

Echinochloa crus-galli. Roem. et Schult., *Spec.*, II, p. 478.
Panicum crus-galli, Linn., *Flor. suec. spec.* 55; R. Br. *Prod. flor. Nov.-Holl.*, p. 191; Nèes, *Agr. bras.*, p. 255.

Loc. : Port Jackson, à la Nouvelle-Hollande.

OPLISMENUS. Pal. Beauv.

Orthopogon, R. Br. *Panici* Spec. Linn.

Spiculæ biflorœ. Glumæ duæ subinæquales acumi-nato-setigeræ, inferiore minore longius aristatà. Flos-culus inferior neuter vel masculus, uni-bivalvis, paleà inferiore apice sæpiùs mucronatà vel brevè aristatà ; superior hermaphroditus, paleis chartaceis muticis, in fructu induratis ; squamulæ obovatæ.

1. OPLISMENUS SETARIUS.

O. culmo compresso, foliis lanceolatis glabris; spicis alternis, brevissimis, sessilibus, rachi spiculisque vix pubescentibus; glumis aristatis, inferioris aristà spiculis triplò longiore, su-perioris brevissimà.

Oplismenus setarius, Roem. et Schult., *Spec.*, II, p. 481.
Panicum setarium, Pers., *Syn.*, I, p. 82 ; Lamk. , *Illustr.*, p. 170; Poir. *Enc. méth.*, IV, p. 741.

Culmus basi repens geniculatus et radicans, apice ascendens, lævis, compressus. Folia lanceolata, plana, glabra vel vix superiùs pilosa, va-ginis brevibus laxis, basi inflatis. Inflorescentia, spica composita uni-lateralis, longè pedonculata, gracilis, spicis brevissimis, distantibus, sessilibus, è spiculis 2 ad 3 approximatis.

Spiculæ ovatæ, bifloræ ; glumis paleàque inferiore flosculi sterilis pubes-centibus. Glumæ duæ paululùm inæquales, spiculà breviores, ovato-lanceo-latæ, aristatæ, 5-nerviæ, margine ciliatæ; inferior brevior, longiùs aristata, aristà spiculà duplò longiore; superior major, aristà brevi spiculam sub-æquante. Flosc. inferior masculus. Palea externa ovata, acuta, mutica, 7-nervia, viridis, externè pubescens margineque ciliata, inferiorem fo-vens membranaceam oblongam, binerviam, apice pubescentem. Squa-

MULÆ nullæ. STAMINA 3, antheris linearibus. FLOSC. SUPERIOR hermaphroditus, paleis coriaceis, convolutis, albidis, glabris, subenerviis (nervis
versus apicem solummodò distinctis, 5 in valvulâ externâ, 2 in internâ).
PALEA EXTERNA ovata, acutiuscula, margine convoluta. PALEA INTERNA lanceolata, convoluta. SQUAMULÆ duæ cuneiformes, truncatæ. STAMINA 3,
filamentis basi dilatatis. OVARIUM oblongum, acutum. STYLI duo basi
approximati. STIGMATA aspergilliformia, fibrillis simplicibus undiquèdensè
insertis.

Loc.: Ile de Taïti, pointe de Vénus.

2. OPLISMENUS HIRTELLUS.

O. culmo geniculato compressiusculo, foliis lanceolatis glabris, vaginis longè ciliatis; spicis alternis elongatis; spiculis uno
latere geminatis, sessilibus, ad basim pilis brevissimis cinctis;
glumis aristatis, glabris, margine ciliatis, inferiore longiùs aristatâ.

Oplismenus hirtellus, ROEM. et SCHULT., *Spec.*, II, p. 181.
Orthopogon hirtellum, R. BR., *Prod.*, p. 194.
Panicum hirtellum, LINN.; SWARTZ, *Obs.*, p. 35; WILLD., *Spec.*,
I, p. 340.

CULMUS repens, geniculatus, ascendens, striatus, compressiusculus,
uno latere canaliculatus, glaber; FOLIA lanceolata, acuminata, glabra,
vaginis margine longè et densè ciliatis. INFLORESCENTIA folia vix superans,
è spicis alternis elongatis composita; spicæ unilaterales, spiculis distantibus, geminatis.

SPICULÆ geminatæ, sessiles, lanceolatæ, ad basim pilis brevibus cinctæ,
aristis inæqualibus. GLUMÆ subæquales, spiculâ breviores, glabræ, margine ciliatæ. INFERIOR lanceolata, 5-nervia, apice subulata, longè aristata,
aristâ glumâ duplò longiore. SUPERIOR ovata, acuta, 7-nervia, aristâ brevi
paleam floris sterilis vix æquante. FLOSC. INFERIOR sterilis, neuter,
omninò vacuus, paleâ exteriori ovato-lanceolatâ, acutâ, viridi, 7-9 nerviâ,
externè pilosâ, interiori angustâ, brevi, membranacea, subenervi. FLOSC.
SUPERIOR hermaphroditus, inferiori brevior, paleis coriaceis glabris, con-

volutis, externâ ovato-lanceolatâ, internâ lanceolatâ. Squamulæ minimæ, truncatæ. Stamina tria, antheris oblongis. Ovarium oblongum. Styli duo. Stigmata aspergilliformia.

Loc. : Offack, île Waigiou.

3. OPLISMENUS BURMANNI.

O. culmo compresso, lævi; foliis lanceolatis, pilosis; inflorescentiâ terminali lateralibusque longè pedunculatis, gracilibus, spicis alternis, oblongis, compositis; rachibus setis albidis, elongatis, spiculas involucrantibus, hirtis; spiculis geminatis, alterâ sessili, abortivâ, alterâ brevi pedicellatâ, fertili; glumis pilosis, aristatis, aristâ exteriore spiculâ quadruplò longiore; interiore brevissimâ.

Oplismenus Burmanni, Kunth., *Nov. gen.* et *Spec.*, I, p. 106.
Oplismenus Burmanni et *Oplismenus humboldtianus*, Nees, *Agr. bras.*, p. 264.
Panicum bromoides, Lamk., *Ill.*, I, p. 170.
Orthopogon Burmanni, R. Br., *Prod.*, p. 194.
Panicum hirtellum, Burm., *Fl. indica*, p. 24; tab. 12, fig. 1.
Panicum Burmanni, Retz; *Obs.*, III, p. 10; Willd, *Spec.*, I. p. 339.

Culmus lævis, gracilis, compressus, geniculatus. Folia lanceolata, acuta, pilosiuscula, vaginis brevibus, margine brevi ciliatis. Inflorescentia terminalis et lateralis axillaris, pedunculis gracilibus, elongatis, suffulta, spicis alternis oblongis composita. Spicæ unilaterales, rachi plano setis basi tuberculosis, albidis vel fulvis, spiculis longioribus, inferiùs hirto. Spiculæ geminatæ, alterâ sessili, alterâ brevissimè pedunculatâ; sessili abortivâ vacuâ, pedunculatâ fertili biflorâ; rachis pedunculique pilis longissimis, rigidis, hirti, involucrum mentientibus. Spiculæ fertiles biglumæ, bifloræ. Glumæ subæquales, paleis breviores, ovatæ, 3-5 nerviæ, margine dorsoque pilosæ, apice subemarginatæ, aristatæ, aristæ sub apice glumæ insertæ, filiformes, asperæ, inæquales; arista glumæ exterioris spiculâ quadruplò longior, interioris spiculam paulò superante. FLOS INFERIOR unipaleaceus, vacuus, paleâ interiori nullâ; palea externa glumacea, virescens, supernè longè pilosa, 5-nervia, subapice brevi aristata. FLOS SUPERIOR bipaleaceus, paleis coriaceis, albidis, glabris, convolutis, subenerviis, externa 5-nervia, interna binervia. STAMINA 3, imperfectè evoluta. OVARIUM minimum oblongum. STYLI 2. STIGMATA nulla. (An delapsa? an flos masculus et planta dioica? Stigm. deerant in floribus etiam junioribus.)

Loc. : Bourou, dans les Moluques.

Obs. Les légères différences sur lesquelles M. Nèes s'est fondé pour distinguer l'espèce américaine de celle de l'ancien continent ne me paraissent pas suffisantes pour établir deux espèces. En effet, nos échantillons ont déjà la taille élevée et les épis nombreux (5 à 9), indiqués comme un des caractères de l'*Oplismenus humboldtianus,* ils n'en diffèrent que par le rachis commun, glabre vers sa base, mais très-cilié vers son extrémité.

ISACHNE. R. BR.

SPICULÆ bifloræ. GLUMÆ duæ, æquales, membranaceæ, obtusæ. FLOSCULI æquales, bivalves, chartacei, obtusi, mutici. INFERIOR masculus. SUPERIOR brevè pedicellatus, hermaphroditus, paleis rigidioribus. SQUAMULÆ duæ carnosæ truncatæ. STAMINA tria. STYLI duo. STIGMATA oblonga aspergilliformia, fibrillis longis. CARYOPSIS paleis induratis tecta.

1. ISACHNE AUSTRALIS.

I. paniculâ lanceolatâ, simplici, pauciflorâ, ramis pedicellis-

que distantibus capillaribus, flexuosis; spiculis ovato-subglobosis, glabris; foliis linearibus, rigidis, planis, utrinquè glabris,
tuberculoso-asperis; culmo erecto, glabro.

Isachne australis, R. Br., *Prod. flor. Nov.-Holl.,* p. 196.

Loc. : Port-Jackson, à la Nouvelle-Hollande.

STENOTAPHRUM TRIN.

Panici et *Rottboellæ* Spec. Linn. et auct.

Spiculæ bifloræ, rachi communi, complanato, excavato immersæ. Glumæ duæ, valdè inæquales; inferior
(rachi respectu externa), brevissima, scariosa; superior spiculæ subæqualis, membranacea, subseptem-
nervia. Flosculi æquales, bivalves, paleis acutis, coriaceis, margine membranaceis convolutis. Inferior
masculus, paleis rigidioribus. Squamulæ duæ carnosæ,
truncatæ. Stamina 2-3. Superior hermaphroditus. Ovarium ovatum, acuminatum. Stili duo basi proximi.
Stigmata oblonga, undiquè fibrillis elongatis raris
tecta. Caryopsis paleis convolutis coriaceis involuta.

ı. STENOTAPHRUM DIMIDIATUM.

S. culmo repente, stolonifero, compresso, glabro; foliis distichis, linearibus, planis, obtusis, subtruncatis, vaginis compressis, margine villosis; spicà complanatà, rachi plano,
carnoso, flexuoso, excavato; spiculis solitariis, geminatis
vel 3-5 racemosis, in qualibet excavatione racheos.

Var. α. Spiculis 3-5 racemosis in qualibet excavatione, rudimento filiformi inter flosculos quandoquè interposito.

Stenotaphrum complanatum, Nèes, *Agrost. bras.*, p. 93, et *Stenotaphrum glabrum*, *Var.* β. *ejusdem*, p. 94.

Rottboella complanata, Swartz, *Naturf. mag. zu Berl.*, IV, p. 89, tab. 5, fig. 1; Roem. et Schult., II, p. 785.

Panicum dimidiatum, Linn., *Syst. veg, ed.* XIII, p. 90; Willd., *Spec.*, I, p. 339; Retz, *Obs.*, VI, p. 23 (Non Burm., *Flor. ind.*, p. 25, tab. 8, fig. 3, *ex icone.*)

Rottboella dimidiata, Lamk., *Illust.* p. 205, tab. 48, fig. 1. **A**.

Var. ε. Spiculis subconjugatis in qualibet excavatione racheos.

Stenotaphrum glabrum, Trin. *Fund. agr.*, p. 175; Nèes, *Agr. bras.*, p. 92.

Stenotaphrum americanum, Schrank *Plant. rar. horti Monac.*, p. 98, tab. 98.

Rottboella dimidiata, Linn. *Suppl.*, p. 114; Willd., *Spec. plant.*, I, p. 466; Swartz, *loc. cit.*, fig. 2; Mich., *Flor. am. bor.* I, p. 60 (*ex speciminibus*); Roem. et Schult., II, p. 786.

Var. γ. Spiculis solitariis, pedicello spiculæ alterius externè posito, acuto, nudo, vel spiculam abortivam sustinente.

Stenotaphrum sarmentosum, Nèes, *Agr. bras.*, p. 93.

Rottboella stolonifera, Poiret, *Encycl.* IV, p. 310; Roem. et Schult., II, p. 784.

Rottboella tripsacoides, Lamk. *Encycl.*, IV, p. *Illust.*, p. 205, tab. 48, fig. 1, B.

Culmus repens, apice ascendens, ramosus, basi geniculatus, compressus, glaberrimus, è nodis radicans, in var. α sæpiùs elongatus, in var. β et γ. brevior, ramis fasciculatis.

Folia disticha; vaginis compressis, æquitantibus, laxis, scariosis, margine supernè villosis; ligulâ pilosâ; laminâ lineari, planâ vel complicatâ, obtusâ, rotundatâ vel subtruncatâ, glaberrimâ, sæpiùs coriaceâ. SPICÆ terminales bi-tripollicares, rachi magis minusve lato et crassiore, in var. α. angustiore flexuosâ submembranaceâ, in var. β et γ latiore crassiore rigidâ valdè excavatâ. Spiculæ in var. α. subquinæ, spicas breves, rachi adpressas et excavationibus semi-inclusas, efformantes; in var. β. geminatæ, rachi immersæ, interiore sessili, exteriore pedicellatâ, pedicello rachi adpresso et spiculæ subæquali; in var. γ. solitariæ, spiculâ pedicellatâ deficiente vel abortivâ et pedicello nudo, acuto, rigido.

SPICULÆ ovatæ, acutæ, glaberrimæ, bivalves, bifloræ. GLUMÆ duæ; inferior, racheos respectu exterior, minima, vix quartam partem spiculæ æquans, scariosa, truncata; superior rachi adpressa, spiculæ æqualis, ovata, acuta, novemnervia, rigida. FLOSCULUS INFERIOR masculus bivalvis. Paleæ coriaceæ, ovatæ, acutæ, convolutæ; exterior quinquenervia, dorso planiuscula; interior binervia tenuior. SQUAMULÆ duæ carnosæ, truncatæ. STAMINA 2-3, antheris oblongis. FLOSCULUS SUPERIOR hermaphroditus; Paleæ, Squamulæ, et Stamina ut in flosculo inferiore. OVARIUM ovatum, acuminatum, glabrum. STYLI duo filiformes, basi approximati. STIGMATA ovato-oblonga, undiquè longè fibrillosa. CARIOPSIS ovata, lævis, paleis convolutis coriaceis inclusa.

Loc. : *var. α*, l'île Maurice; *var. β*, de l'île Sainte-Catherine, sur la côte du Brésil; *var. γ*, du port Jackson, à la Nouvelle-Hollande? et de Rio-Janeiro.

Les passages entre les trois variétés que j'ai indiquées sont tellement insensibles, qu'il m'a été impossible d'admettre les espèces fondées sur les caractères tirés du nombre des épillets qui sont réunis sur chaque article du rachis. Je n'ai pu observer sur aucun des nombreux échantillons de diverses contrées que j'ai examinés le rudiment filiforme que Swartz indique entre les deux fleurs dans son *Rottbœlla complanata*, et que M. Nées reconnaît pour ne pas exister dans tous les épillets; je pense donc que toutes ces espèces ne sont que des modifications de formes d'une même plante qui croit dans presque toutes les parties du globe, dans les Etats-Unis d'Amérique, dans toute l'Amérique équatoriale, jusqu'aux environs de Buenos-Ayres, au Cap de Bonne-Espérance, à Madagascar, aux îles de France et de Bourbon, dans l'Inde et les Moluques, et même au Port-Jackson, d'après un échantillon recueilli par M. d'Urville; cet échantillon a cependant une telle ressemblance avec ceux du Brésil, que je crains qu'il n'y ait quelque erreur dans l'étiquette, d'autant plus que cette espèce n'est pas citée par M. Brown dans son Prodrome.

TRICHACHNE. Nèes.

Acicarpa Raddi. *Panici* Spec. Kunth.; *Milii* Spec. Swartz; Willd.

Spiculæ bifloræ. Glumæ duæ inæquales, inferiore multo minore, scariosà vel membranaceâ, uninerviâ, quandoquè acuminatâ subaristatà. Flosculus inferior univalvis neuter, paleâ membranaceâ acutâ. Flosculus superior bivalvis hermaphroditus, paleâ inferiore coriaceâ convolutâ (non induratâ cartilagineâ), acutâ, vel acuminatâ in aristam rectam desinente. Squamulæ cuncatæ truncatæ. Styli usque ad basim distincti. Stigmata oblonga aspergilliformia. Involucrum nullum.

1. TRICHACHNE INSULARIS.

Tr. culmo erecto, lævi; foliis linearibus, acuminatis, scabriusculis, vaginis sparsè pilosis; ligulâ truncatâ; paniculâ erectà, fastigiatà, coarctatâ; spiculis lanceolatis, densè sericeo-villosis.

Trichachne insularis, Nèes, *Agrost. bras.*, p. 86.
Monachne unilateralis, Roem. et Schult., II, p. 468.

Panicum leucophœum, KUNTH, *Nov. gen. et Spec.*, I, p. 97.

Panicum insulare, MEYER, *Flor. essequeb.*, p. 60.

Milium villosum, SWARTZ, *Prod. flor. ind. occ.*, p. 24 ; WILLD., *Spec.*, I, p. 361.

Andropogon insulare, LINN., *Spec.* 408.

RADICES fibrosæ è basi culmi repente nascentes. CULMUS erectus, simplex, compressus, lævis FOLIA ad basim culmi approximata brevia; superiora distantia longiora, culmo breviora; vaginis inferioribus brevibus, superioribus elongatis striatis pilosiusculis; laminis linearibus acuminatis, planis, scabriusculis. PANICULA, culmo erecto nudo gracili suffulta, tripollicaris, coarctata, ramis fastigiatis, angulis pubescentibus; pedicellis inæqualibus, longiore spiculas subæquante. SPICULÆ geminatæ pedicellatæ, lanceolatæ, villosissimæ, pilis sericeis, spiculà longioribus, mollibus. GLUMÆ duæ valdè inæquales; INFERIOR minima, squamæformis, scariosa, enervia, ovata, truncata, glaberrima; SUPERIOR lanceolata, angusta, acuta, 7-nervia, subplana, dorso margineque villosa, pilis marginalibus longioribus. FLOSCULUS inferior univalvis. PALEA lanceolata, acuta, glumæ superiori æqualis et formà similis, 5-nervia, villosa et margine longiùs pilosa. FLOSCULUS superior hermaphroditus, glaberrimus, fusiformis. PALEA INFERIOR lanceolata, acuta, convoluta, trinervia, coriacea, fusca (mutica). PALEA SUPERIOR lanceolata, acuta, convoluta, binervia, coriacea, fusca, non margine auriculata. SQUAMULÆ? STAMINA 3, antheris lineari-oblongis. OVARIUM ovatum. STIGMATA oblonga, aspergilliforma. CARIOPSIS oblonga, glabra, lævissima, alba, paleà superiori involuta nec corticata, non sulcata.

2. TRICHACHNE CIMICINA.

TR. culmo erecto, glabro, supernè nudo, ad nodos villoso; foliis filiformibus, basi ciliatis, vaginis (inferioribus præsertim) villosis; spicis geminatis, erectis; spiculis geminatis, breviter pedicellatis, acutis, glumis acuminatis, margine villosis; flosculo inferiore aristato, aristà rectà paleæ dimidiam partem vix æquante.

Axonopus cimicinus, Pal. Beauv., *Agr. p.* 12 *;* Rœm. et
Schult., II, p. 317.

Panicum cimicinum, Retz, *Obs.,* III, p. 9; Willd., *Spec.,*
I, p. 344.

Culmus erectus, tripedalis, vix pennam corvinam superans, cylindricus, lævis, basi vaginis longissimis involutus, supernè nudus gracilis.
Folia distantia, culmo breviora; vaginis elongatis, adpressis, inferioribus villosis, superioribus lævibus, vix propè laminam pilosis; laminis
filiformibus, elongatis, convolutis, glabris. Inflorescentia, spicæ duæ
erectæ, tri-quadripollicares, rachi striato, piloso. Spiculæ ovato-oblongæ,
bifloræ, geminatæ, brevi pedicellatæ, pedicellis inæqualibus, adpressis.
Glumæ duæ inæquales, glabræ, margine ciliatæ; Inferior ovata, acuta,
aristata, trinervia, margine brevi ciliata; Superior oblonga, 7-nervia,
nervis exterioribus submarginalibus, brevi aristata, margine longè ciliata. Flos inferior masculus subbivalvis. Palea exterior 5-nervia, ovato-lanceolata, acuta, mucrone brevi superata (non aristata), glabra; Interior brevissima, plana, cuneiformis, truncato-lacerata. Squamulæ duæ
magnæ, membranaceæ, cuneiformes, profundè bilobæ, lobis acutis, paleà
interiore longiores. Stamina 3, antheris oblongis. Flos superior hermaphroditus, paleis chartaceis æqualibus paleamque floris sterilis æquantibus: Exterior ovato-acuminata, 5-nervia, apice setigera, setà dimidiam
partem paleæ æquante, nervis lateralibus externis ciliolatis; Interior lanceolata, acuminata, binervia, margine inferiùs biauriculata. Squamulæ
duæ minimæ, cuneatæ, truncato-emarginatæ, carnosæ. Stamina 3,
antheris oblongo-linearibus. Ovarium oblongum glabrum. Styli duo
ex apice ovarii divergentes, deindè paralleli. Stigmata aspergilliformia,
oblonga, fibrillis raris, simplicibus, subdistichis.

Loc. : Ile de Bourou, dans les Moluques.

GARNOTIA.

Spiculæ uniglumæ bifloræ. Gluma unica trinervia
lanceolata, apice aristata, flosculis subæqualis. Flosculus
inferior univalvis, neuter, palea lanceolata trinervia

mutica. Flosculus superior bivalvis hermaphroditus, paleis chartaceis convolutis lanceolatis muticis; inferior uninervia, superior binervia, margine basi auriculatà. Squamulæ duæ truncatæ ciliatæ. Stamina tria. Ovarium glabrum. Styli basi approximati paralleli. Stigmata plumosa elongata.

Gramen culmo simplici, foliis planis, lineari-subulatis; paniculà interruptà contractà, ramulis verticillatis erectis, verticillis remotiusculis; spiculis utroque latere ramulorum geminatis, inæqualiter brevi pedicellatis, linearibus, glabris, ad basim tantùm pilosis.

J'ai dédié ce genre à M. Garnot, l'un des médecins de la marine attachés à l'expédition de *la Coquille*, qui a pris une part active aux recherches zoologiques faites durant ce voyage.

1. GARNOTIA STRICTA, Pl. XXI.

G. culmo foliisque glaberrimis, vaginarum ore pilosà, foliis lineari-subulatis, strictis, planis; paniculà interruptà, contractà. ramulis erectis, verticillatis; spiculis linearibus, glabris, nervis denticulatis, basi fasciculo pilorum instructis; aristà glumà triplò breviore.

Culmi erecti simplices, magnitudine pennæ corvinæ, cylindrici, glaberrimi, è rhizomate repente fasciculatim nascentes. Folia inferiora breviora, superiora elongata, paniculæ subæqualia, erecta, rigida; vaginæ culmum arctè amplexantes et usquè infrà paniculam ferè totum involventes, glabræ, ad ligulam pilosæ; limbus linearis, planus, striatus, glaberrimus, 3-4 linearum latus, apice in foliis superioribus longè subulatus. Panicula 8-pollicaris, contracta et interrupta, ramulis erectis, fastigiatis, semi-verticillatis, glabris. Spiculæ lineares geminatæ, utroque latere alternantes, inæqualiter pedicellatæ, pedicellis glabris.

Gluma unica, lanceolato-subulata, trinervia, nervis validis, denticulatis, medio in aristâ glumâ triplò breviore rectâ desinente, lateralibus ad basim fasciculo pilorum instructis. Flosculus inferior univalvis, neuter; paleâ glumæ subæquali et conformi, muticâ, trinerviâ, nervo medio tenuiore basi evanescente, lateralibus carinatis, denticulatis. Flosculus superior hermaphroditus, bivalvis, paleis subæqualibus, glaberrimis; inferior paululùm longior, lanceolata, acuta, carinata, uninervia; superior convoluta, binervia, nervis vix distinctis, margine basi biauriculata. Squamulæ duæ oblongæ, truncatæ, angulis ciliatæ. Stamina tria, filamentis brevibus, antheris linearibus. Ovarium oblongum glabrum. Styli basi approximati breves. Stigmata disticha, oblongo-linearia, fibrillis simplicibus.

Loc. : Ile de Taïti.

Obs. Ce genre, voisin, par les caractères les plus importants, des *Paspalum,* en diffère beaucoup par la forme générale de ses épillets, par la nature plus molle des bales de la fleur fertile, enfin par la présence de l'arête qui termine la glume. Ce dernier caractère, et le petit nombre des nervures de la glume et de la bale de la fleur stérile, le distinguent du genre *Leptocoryphium* de M. Nèes[1]. Ces caractères, joints à un aspect très-différent, suffisent pour distinguer ce genre des deux que nous venons de citer.

Planche XXI. *Garnotia stricta*, de grandeur naturelle. Fig. 1, un épillet vu de profil et dont la glume est légèrement écartée; fig. 2, glume vue extérieurement; fig. 3, la même vue intérieurement; fig. 4, bale de la fleur stérile; fig. 5, bale externe de la fleur fertile; fig. 6, bale interne de la même fleur; fig. 7, les deux écailles; fig. 8, pistil entouré des étamines; fig. 9, ovaire déjà développé, à moitié mûr.

HELOPUS. Trin.

Milium. R. Br.

Spiculæ bifloræ. Gluma unica, acuta, mutica. Flosculus inferior univalvis, neuter, paleâ glumæ æqua-

[1] *Agrostographia brasiliensis*, p. 83.

li et conformi. Flosculus superior brevior, bivalvis, hermaphroditus, paleis cartilagineis, obtusis; inferior mucronata vel aristata, aristâ setaceâ brevi, inclusâ, persistente. Squamulæ duæ truncatæ. Stamina tria. Styli duo. Stigmata oblonga aspergilliformia Cariopsis paleis induratis inclusa.

1. HELOPUS PUNCTATUS.

H. paniculæ racemis simplicibus, alternis, erectis; rachi triquetrâ culmoque supernè pubescente; spiculis geminis ovatolanceolatis, acutis, pilosis; foliis lineari-lanceolatis glabris.

Helopus punctatus, Nèes, *Agr. bras.*, p. 16.
Helopus pilosus, Trin, *Agr.*, p. 104.
Milium punctatum, Linn.; Willd., *Spec. plant.* I, p. 359;
R. Brown, *Prod.*, I, p. 188.

Loc. : Lima.

THUAREA. Pet.-Th.

Spiculæ bifloræ in rachi dilatatâ serie simplici insertæ, unilaterales, sessiles; inferiores hermaphroditæ; superiores masculæ. Gluma unica, racheos respectu externa, septem-nervia, spiculæ subæqualis. Flosculus inferior (rachi adpressus), bivalvis, masculus vel neuter (in spiculis superioribus), paleis membranaceis, inferiore glumæ simili. Flosculus superior, seu racheos respectu externus, bivalvis, paleis æqualibus coriaceis. Squamulæ duæ basi connatæ, membranaceæ, bidentatæ. Stamina tria. Ovarium oblongum, acuminatum. Styli duo approximati. Stigmata undiquè longè fibrillosa. Cariopsis paleis inclusa et rachi induratâ involuta.

1. THUAREA MEDIA.

TH. spiculâ infimâ hermaphroditâ, alteris masculis, glumis paleis rachi nodisque villosis; foliis lineari-lanceolatis vaginisque glabris.

Thuarea media? R. Brown. Prod. *Flor. Nov.-Holl.*, p. 197.

Culmus ascendens, basi geniculatus, glaber, nodis villosis. Folia disticha, rigida, glaberrima, lineari - lanceolata; folio superiori spathaceo spicæ æquali. Spica terminalis, simplex, brevis (semipollicaris), subsessilis, rachi coriaceo compresso pedunculoque villosis. Spiculæ 4-5 unilaterales, serie simplici solitariè insertæ, sessiles, approximatæ, dissimiles; inferior hemaphrodita; superiores masculæ. Spicula inferior: Gluma rachi opposita, membranacea, ovata, obtusa, 7-nervia, externè pilosa. Flosculus inferior rachi adpressus, masculus, bivalvis. Palea inferior glumæ subsimilis, villosa, 5-nervia. Superior angusta binervia, membranacea, glabra. Stamina tria, antheris linearibus. Squamulæ et Ovarium nulla. Flosculus superior glumæ æqualis, bivalvis, paleis coriaceis; inferior ovata, concava, apice villosa, 5-nervia; superior ovato-lanceolata, convoluta, binervia, apice villosa. Squamulæ duæ basi connatæ, bidentatæ, membranaceæ. Stamina tria. Ovarium oblongum, fusiforme, apice attenuatum. Styli duo, basi approximati. Stigmata oblonga, undiquè fibrillosa, fibrillis elongatis, flavis. Spiculæ superiores inferioribus similes quoad glumas paleasque; paleis solummodò tenuioribus, flosculis utrisque masculis vel inferiore neutro.

Loc.: Taïti et Borabora, dans les îles de la Société; Offack, dans l'île Waigiou; Nouvelle-Irlande.

PASPALUM. Linn.

Paspalus, Flugg.; Nées.

Spiculæ geminatæ, unilaterales, bifloræ, univalves. Gluma unica, paleis brevior, quandoquè minima. Flosculus inferior glumæ oppositus, univalvis, neuter, paleà membranaceâ, planiusculà. Flosculus superior hermaphroditus, bivalvis, paleis chartaceis, in fructu cartilagineis induratis, obtusis, muticis. Squamulæ duæ carnosæ, truncatæ. Stamina tria. Styli duo. Stigmata oblonga, undiquè fibrillosa.

§ 1. *Spicis conjugatis.*

1. PASPALUM CONJUGATUM.

P. foliis planis, glabriusculis, margine scabris; vaginis compressis, glabris, ciliatis; spicis binis conjugatis, rachi triquetrà rectâ spicularum solitariarum imbricatarum ferè latitudine, glumà ciliatà, paleisque suborbiculatis, acutiusculis.

Paspalum conjugatum, Swartz, *Flor. ind. occ.*, I, p. 133; Willd., *Spec. pl.*, I, p. 333; Kunth, *Nov. gen.*, I, p. 91.

Paspalus conjugatus, Flugg., *Monog.*, p. 102; Nées, *Agr. bras.*, p. 44.

Paspalum ciliatum, Lamk., *Ill.*, I, p. 175; Poir., *Enc. méth.*, V, p. 29.

Loc. : Lima, au Pérou.

2. PASPALUM ARENARIUM.

P. foliis lanceolatis glabris vaginisque longè ciliatis, ciliis mollibus; spicis geminis, alternis, approximatis, rachi spiculis paulò angustiore, paniculâ flexuosâ; spiculis geminatis, glumâ uninerviâ paleisque orbiculatis, lævibus vel puberulis.

Paspalus arenarius, Schrad. in Schult., *Mant.*, II, p. 173; Nèes, *Agr. bras.*, p. 54.
Paspalum debile? Muhlenb., *Desc. gram.*, p. 91.

Loc. : Ile Sainte-Catherine, au Brésil.

3. PASPALUM VAGINATUM.

P. vaginis distiche imbricatis, ore barbatis, foliis angustis, acutis, glabris; spiculis geminatis, rachi triquetrâ, dorso planâ, spiculis solitariis angustiore, glumâ 5-nerviâ paleisque ellipti-cis, acutis.

Paspalum vaginatum, Swartz, *Flor. ind. occ.*, I, p. 135; Kunth, *Nov. gen.*, I, p. 91.
Paspalus vaginatus, Flugg., *Monog.*, p. 108; Nèes, *Agrost. bras.*, p. 62.

Var. β. Glumâ inferiore accedente minimâ, ovatâ, acutâ, enerviâ.

Paspalus vaginatus, var. γ, Nèes, *loc. cit.*

Loc. : Var. α, Lima, au Pérou; var. β, la Conception, au Chili.

Obs. La variété β qui, par la présence de la seconde valve de la glume, devient un vrai *Panicum* et prouve combien ces

deux genres diffèrent peu l'un de l'autre, était déjà indiquée à
Monte-Video par M. Nees; elle se trouve au Chili, presque sous
la même latitude.

§ 2. *Spicis pluribus alternis, simplicibus.*

4. PASPALUM DILATATUM.

P. culmo glabro, foliis planis, linearibus, glabris, vaginis
ore barbatis; spicis pluribus, alternis; rachi planà, rectà, spiculis geminis quadrifariis angustiore, glumà paleàque externâ
ovatis, acutiusculis, margine lanatis.

Paspalum dilatatum, Poir., *Encycl.;* Kunth, *Rev. Gram.*,
pl. X.

Paspalus platensis, Link, *Hort. berol.*, p. 49; Spreng, *Syst.
veg.*, I, p. 247.

Paspalus ovatus, Nees, *Agrost. bras.*, p. 43.

Loc. : La Conception, au Chili.

5. PASPALUM CONSPERSUM.

P. foliis planis, margine scabris, utrinque pilosis, vaginis
glabris, striatis, fauce barbatis; spicis pluribus, rachi planà,
spiculis quadriseriatis angustiore, basi barbatà, glumà paleàque exteriore obovatis, acutiusculis, 5-nerviis, paleà glabrà vel
pubescente.

Paspalus conspersus, Schrad. in Schult., *Mant.*, II, p. 174:
Nees., *Agr. bras.*, p. 74.

Var. β. Spiculis glabris, culmo crassiori. Nees, *loc. cit.*

Loc. : Var. β, île Sainte-Catherine, sur la côte du Brésil.

6. PASPALUM COMMUTATUM.

P. culmo erecto simplici, foliis vaginisque inferioribus pilosis, superioribus glabris vel sparsè ciliatis; spicis quaternis alternis, rachi dilatatâ, subtus concavâ, subciliatâ, spiculis duplò latiore; spiculis solitariis, glumâ paleâque inferiore obovatis, glabris, trinerviis.

Paspalus commutatus, Nèes, *Agr. bras.*, p. 59.
Paspalum dissectum, Linn., *Syst. nat.*, II, p. 86? Non *Spec. plant.*

Loc. : Environs de Payta, au Pérou.

§ 3. *Spicis digitatis.*

7. PASPALUM REIMARIOIDES. Tab. XX.

P. spicis quaternis, filiformibus, erectiusculis, rachi planâ sinuosâ, angustâ; spiculis geminatis, applicatis, lanceolatis, margine pilosis; glumâ minutissimâ, squamuliformi, vix conspicuâ; culmo glabro geniculato, altero latere canaliculato; foliis linearibus, margine denticulatis, asperis, vaginisque glabris, ligulâ membranaceâ truncatâ.

Culmus bipedalis, glaberrimus, ascendens, basi geniculatus, uno latere canaliculatus, nodis glabris fuscis, inferioribus tumidis, supernè nudus filiformis. Folia, vaginis inferioribus laxis, superioribus adpressis, glaberrimis, carinatis, margine scariosis; ligulâ membranaceâ, glabrâ, oblongâ, truncatâ, erectâ; laminâ lineari, 3-4 pollicari, 2-3 lineis latâ, glaberrimâ, margine denticulatâ, glabrâ. Spicæ quatuor bis geminatæ, approximatæ, erectiusculæ, filiformes, quadripollicares et ultrà, rachi angustâ, planâ, sinuosâ, nervosâ, glabrâ; spiculis geminatis, alterâ pedicellatâ, paribus alternantibus, erectis, infra rachim applicatis.

Spiculæ lanceolatæ, acutæ, latere plano nervoso, altero convexo lævi.

Gluma unica, minutissima, squamæformis, scariosa, obtusa, spiculà octoties brevior, vix basim flosculi hermaphroditi tegens. Flosculus inferior neuter, univalvis; palea lanceolata, 5-nervia, dorso plana, margine pilosà flosculum superiorem involvens. Flosculus superior hermaphroditus, bivalvis. Palea exterior glumæ superposita, uninervia, lanceolata, membranacea, albida. Palea interior lanceolata, membranacea, pellucida, inclusa, binervia, nervis vix distinctis, margine convoluta. Squamulæ duæ truncatæ, glabræ. Stamina tria. Ovarium ovato-lanceolatum, glabrum. Styli duo basi approximati, filiformes. Stigmata ovato-oblonga, fibrillis undique insertis simplicibus.

Loc. : Oualan, dans les iles Carolines; havre d'Offack, dans l'ile Waigiou, l'une des iles des Papous; Taïti, dans l'archipel de la Société.

Planche XX. *Paspalum reimarioides*, de grandeur naturelle. Fig. 1, deux épillets grossis; fig. 2, un épillet dont on a écarté les diverses parties; fig. 3, glume; fig. 4, bale de la fleur inférieure; fig. 5, bale inférieure de la fleur supérieure; fig. 6, bale supérieure de la même fleur; fig. 7, écailles; fig. 8, pistil entouré des filets des étamines.

OLYRA. Linn.

Spiculæ monoicæ, unifloræ: femineæ superiores; masculæ inferiores. Spiculæ masculæ : Glumæ nullæ. Paleæ duæ æquales, inferiore trinervià, subulatà vel apice setigerà, superiore binervià, muticà. Squamulæ tres cuneatæ, truncatæ. Spiculæ femineæ : Glumæ duæ apice subulatæ, subsetigeræ, inæquales, 3-5-7-nerviæ. Paleæ subæquales, coriaceæ vel cartilagineæ, inferiore 5-nervià, superiore 2 vel 6-nervià. Squamulæ tres. Stamina nulla. Ovarium glabrum, ovatum. Styli duo basi proximi vel connexi. STIGMATA maxima, pennata, ramulis laxis, ramosis. CARYOPSIS paleis induratis obtecta.

1. OLYRA VENTRICOSA.

O. foliis oblongo-lanceolatis, acuminatis, vaginisque glabris, margine asperulis, ligulâ oblongâ, integrâ, rigidâ; paniculâ oblongâ, erectâ, compositâ, medio interruptâ, ramulis verticillatis, superioribus fœmineis spiculisque hirsutis, inferioribus masculis spiculisque glabris; spiculis fœmineis ventricosis, glumis ovatis, utrâque apice subulatâ, aristatâ, paleis scrobiculatis.

Olyra ventricosa, NÈES, *Agr. bras.*, p. 303.

Loc. : L'île Sainte-Catherine, sur la côte du Brésil.

Obs. Cette plante ne diffère de la description donnée par M. Nées que par la ligule très-grande qui termine la gaine et qui est appliquée contre le chaume, au-dessus de l'origine du pétiole très-court qui supporte la feuille; sur les bases des tiges les plus grosses, cette ligule est bilobée; mais sur les tiges plus minces elle est entière. Nos échantillons conviennent du reste parfaitement à cette description, et surtout à celle de la variété β. Suivant ce même auteur, cette espèce diffère surtout du *micrantha* par ses feuilles plus longues et plus étroites, et par ses bales scrobiculées, caractères qui existent en effet dans la plante recueillie par M. d'Urville.

Je ferai observer que dans cette plante, ainsi que dans la suivante, j'ai toujours observé trois écailles cunéiformes tronquées, soit dans les épillets mâles, soit dans les femelles : dans les premiers elles alternent avec les étamines; dans les seconds elles sont placées symétriquement autour de l'ovaire.

2. OLYRA HUMILIS. Tab. XXII.

O. foliis ovato-oblongis, acuminatis, subpetiolatis, glaucis, vaginis margine ciliatis, subpilosiusculis, ligulâ nullà; paniculâ terminali brevi, pauciflorà, rachi ramisque lævibus, spiculis fœmineis solitariis ad apicem ramorum, glumis oblongis 5-7-nerviis, inferiore longiùs subulato-aristatâ, paleis lævibus, inferiore basi et apice sericeo-villosâ.

Olyra humilis, Nees, *Agr. bras.*, p. 304.

Culmi numerosi, fasciculati, e rhizomate tenui annulato ascendentes, semipedales vel pedales, graciles, simplices, sub paniculâ trigoni, læves, glaberrimi. Folia; vaginis internodiis duplò brevioribus, culmum arcte amplexantibus, striatis, margine ciliatis, inferioribus laminâ destitutis, squamæformibus; ligulâ nullà vel brevissimâ, annulum pilosum efformante; limbo brevissimè petiolato, ovato-oblongo, acuminato, plano vel margine revoluto, inferiùs glaucescente, glaberrimo, striato, nervis circiter novem æqualibus, parallelis. Panicula angusta, bipollicaris, pauciflora, ramis fastigiatis, solitariis vel geminatis; spiculis fœmineis solitariis ad apicem ramorum, pedunculo dilatato insertis; masculis inferioribus, pedicellis lateralibus capillaribus solitariè vel geminatim insertis. —Spiculæ foemineæ unifloræ. Glumæ duæ membranaceæ, virides, oblongæ, acuminatæ, 5-nerviæ, glaberrimæ, apice subulato-aristatæ, aristâ glumæ inferioris duplò longiore, glumamque superante. Flosculus brevissimè stipitatus, stipite obconnico, villoso. Paleæ duæ æquales; inferior glumâ inferiore recepta, coriacea, ovato-lanceolata, concava, margine subconvoluta, 5-nervia, basi et apice sericeo-villosa; superior tenuior, lanceolata, obtusa, concava, glabra, 6-nervia. Squamulæ tres breves, truncatæ, superiùs incrassatæ, duæ paleæ exteriori oppositæ, tertia paleæ interiori. Ovarium minimum, ovatum. Styli duo, basi subconjuncti, filiformes. Stigmata paleis longiora, ramosissima, ramulis subdistichis. — Spiculæ masculæ unifloræ, glumis nullis. Paleæ duæ subæquales, lineari-lanceolatæ, inferiore apice brevi aristatâ, trinerviâ, superiore acutâ, binerviâ. Squamulæ tres obovatæ, cum staminibus alternantes, vel potiùs duæ ad latera staminis exterioris, et altera inter stamina interiora posita. Stamina tria, filamentis brevibus, antheris oblongo-linearibus; duo paleæ binerviæ opposita, tertium paleæ trinerviæ vel exteriori.

Loc. : Ile Sainte-Catherine, sur la côte du Brésil.

HIEROCHLOE. Gmel.

Spiculæ trifloræ. Glumæ duæ subæquales, muticæ, uni vel trinerviæ (paleis longiores, læves, splendentes). Flosculi bivalves; laterales seu inferiores masculi, triandri; intermedius vel superior hermaphroditus, diandrus. Paleæ inferiores tri-quinquenerviæ, sæpiùs aristatæ; superiores binerviæ, apice bifidæ, in flosculo hermaphrodito sæpiùs uninerviæ, integræ. Squamulæ duæ ovatæ, acutæ, obliquæ, integræ. Stamina tria, antheris oblongo-linearibus perfectis, in flosculis inferioribus, duo, antheris sæpiùs minimis, ovatis, effetis, in flore superiore. Ovarium ovatum, glabrum. Styli duo filiformes, basi approximati. Stigmata elongata, undiquè fibrillosa.

1. HIEROCHLOE ANTARCTICA. *Var.* Redolens. Tab. XXIII.

H. culmo foliisque glaberrimis, ligulâ maximâ, membranaceâ, truncatâ, foliis lineari-subulatis, apice convolutis, rigidis; paniculâ lanceolatâ, inferiùs interruptâ, superiùs racemisque densis oblongis, spiculis imbricatis, splendentibus, glumis glaberrimis, lanceolatis, acutiusculis, paleis longioribus, superiore basi trinerviâ; paleis inferioribus 5-nerviis, hirsutis, paulò infra apicem aristatis, lateralium aristis glumis longioribus.

Avena redolens, d'Urv., *Flor. des îles Malouines*, p. 30; Pers., *Syn.*, I, p. 100.

Holcus redolens? Vahl., *Symb. bot.*, II, p. 102.

Hierochloe antarctica, var. *redolens?* Rasp., *Ann. sc. obs.*, II, p. 83.

Holcus redolens, Forst., *Prod.*, n° 563 (ex notis R. Br., in Prod. fl. Nov.-Holl., p. 209).

Culmi fasciculati, bipedales, quibusdam repentibus basi geniculatis, cylindrici, læves, vaginis longissimis foliorum vestiti, nodique glaberrimi. Folia erecta, glaberrima, vaginis striatis, lævissimis, supernè laxis, ligulà membranaceà, oblongà, truncatà, maximà, laminis lineari-subulatis, convolutis, rigidis, subpungentibus, superioribus longioribus. Panicula lanceolata, racemis densis, inferioribus distantibus patentibus, superioribus approximatis, rachi communi glabro, ramis, ramulis pedicellisque pubescentibus. Spiculæ approximatæ, subimbricatæ, splendentes, flavescentes, trifloræ. Glumæ duæ subæquales, lanceolatæ, carinatæ, lævissimæ, splendentes, inferiore plerumque breviore, uninerviâ, superiore paululùm longiore, basi tantùm trinerviâ. Flosculi tres: duo inferiores approximati, subsessiles, masculi: superior vel intermedius pedicellatus, minor, hermaphroditus vel potiùs fœmineus. Flosculi masculi. paleis æqualibus, glumis brevioribus: inferiore 5 nerviâ, apice scariosâ, truncatâ, pilosâ, dorso marginibusque longiùs hirtâ, sub apice integro aristatâ, aristâ rectâ, paleæ dimidiam partem subæquante: superiore membranaceâ, binerviâ, nervis ciliatis, bifidâ. Squamulæ duæ approximatæ, ovato-lanceolatæ, acutæ, integræ, glaberrimæ. Stamina tria, filamentis capillaribus, antheris oblongo-linearibus, polline repletis. Ovarii rudimentum, vel minimum ovatum, stylis etiam deficientibus, vel stylis duobus brevibus, stigmatibus nullis. Flosculus hermaphroditus minor, pedicellatus. Palea inferior paleis flosculorum masculorum similis, aristâ tantùm breviore, mucroniformi. Palea superior oblongo-lanceolata, integra, uninervia, carinâ ciliatâ. Squamulæ duæ, stamine intermedio deficiente. Stamina duo, filamentis capillaribus brevibus, antheris minimis, ovatis, abortivis et vacuis. Ovarium ovatum, acutum, glaberrimum. Styli duo approximati, quandòque basi subconnexi, filiformes. Stigmata oblonga, elongata, cylindrica, undique fibrillosa. Cariopsis obovato-oblonga, basi styli mucronata, haud sulcata.

Loc. : Très-fréquente aux îles Malouines.

Obs. Parmi les légères modifications dans le port et dans les caractères des épillets que présentent les Hierochloe de l'hémisphère austral, il est difficile de savoir où doivent s'arrêter les variétés et les espèces. L'*Hierochloe antarctica* de la Nouvelle-Hollande diffère de la plante que nous décrivons par sa panicule plus lâche, ses feuilles non enroulées et ses glumes toutes deux à une seule nervure. L'*Holcus redolens* de Forster paraît avoir le même port que la plante de la Nouvelle-Hollande, avec des glumes semblables à celles de notre plante; enfin, l'*Holcus redolens* de Vahl, qui se rapproche, par la forme de sa panicule, des échantillons rapportés par M. d'Urville, en diffère par ses glumes, dont la carène est denticulée. C'est cette dernière variété qui nous paraît se rapprocher le plus de la plante des Malouines et de celle des terres Magellaniques, recueillie par Commerson.

Planche XXIII. A et B, deux échantillons des deux extrêmes de grandeur de l'*Hierochloe redolens*, de grandeur naturelle. Fig. 1, un épillet séparé; fig. 2, une des fleurs enveloppée de ses bales; fig. 3, la petite écaille qui est à la base de ces fleurs en *a*, fig. 2; fig. 4, bale supérieure de ces fleurs; fig. 5, une étamine complètement développée, accompagnée des deux écailles; fig. 6, une étamine non développée; fig. 7, une des écailles; fig. 8, ovaire complètement avorté d'une des fleurs mâles; fig. 9, un autre pistil moins complètement avorté; fig. 10 et 11, bale supérieure de la fleur hermaphrodite; fig. 12, pistil accompagné des écailles et des deux étamines avortées; fig. 13, cariopse avant sa maturité complète, avec les écailles et les étamines.

EHRHARTA. Smith.

Spiculæ trifloræ. Glumæ subæquales, flosculis breviores, multinervii. Flosculi inferiores univalves, neu-

tri, paleà cartilagineà, muticà, vel subulato-aristatà,
multinervià. FLOSCULUS SUPERIOR intermedius, bivalvis,
hermaphroditus. PALEÆ membranaceæ, subæquales,
muticæ, enerviæ. SQUAMULÆ tres membranaceæ, cuneatæ. STAMINA sex. OVARIUM ovatum, glabrum. STYLI
duo. STIGMATA penicellata, brevia.

1. EHRHARTA URVILLEANA. Pl. XXIV.

E. culmo geniculato, compresso, foliis linearibus, mollibus,
planis, vaginisque glabris; paniculà pauciflorà, laxà, pedicellis
simplicibus, geminatis vel ternis, patentibus; paleis flosculorum lateralium oblongo-lanceolatis, acuminato-aristatis, transversè rugosis, margine dorsoque denticulatis, aristà paleam
æquante, rectà, rigidà.

Ehrharta urvilleana, KUNTH, *Rev. Gram.,* p. 189, tab. 6.

CULMUS simplex, basi geniculatus, lævis, compressus. FOLIA glaberrima; vaginis internodiis longioribus, carinatis, striatis, margine
scariosis; ligulis membranaceis, scariosis, laceratis; laminis linearibus,
culmo longioribus, mollibus, planis. PANICULA seu racemus terminalis,
foliis brevior, pauciflora (8-12 flora), bipollicaris, spiculis distantibus,
pedicellis simplicibus, geminis vel ternis, patentibus, flexuosis, suffultis. SPICULÆ oblongo-lanceolatæ, 4-lineis longæ, absque aristis. GLUMÆ
duæ inæquales, ovatæ, acutæ, paleis duplò breviores, inferiore breviore,
5-nervià, superiore majore, 7-nervià. FLOSCULI duo inferiores univalves, neutri, processu membranaceo, apice fasciculo pilorum ornato, basi
stipati. PALEÆ flosculorum inferiorum oblongo-lanceolatæ, coriaceæ,
5-nerviæ, apice acuminatæ, in aristà rectà, rigidà, denticulatà, paleam
æquante, desinentes, lateribus transversè plicatæ, basique duobus fasciculis lateralibus pilorum ornatæ; rudimentum minimum, oblongum,
quandòque in axillà paleæ superioris. FLOSCULUS terminalis, intermedius,
bipaleatus; paleis membranaceis muticis, ovatis, acutis, flosculis exte-

rioribus brevioribus, 5-nerviis. Squamulæ tres, cuneatæ, membranaceæ, apice laciniato-dentatæ. Stamina sex paleis breviora, filamentis brevibus, antheris oblongis. Ovarium ovatum, subglobosum, glabrum. Styli duo breves, cylindrici. Stigmata penicelliformia, terminalia. Cariopsis fusca compressa, ovato-lanceolata, embryone parvo.

Loc. ; L'Ile Sainte-Hélène.

Planche XXIV. *Ehrharta urvilleana*, de grandeur naturelle. Fig. 1, un épillet entier grossi; fig. 2, le même dépouillé des glumes, et dont les bales ont été écartées; fig. 3, base de la bale stérile supérieure montrant le rudiment de fleur qui les accompagne; fig. 4, une des écailles; fig. 5, une des étamines; fig. 6, pistil; fig. 7, cariopse.

CYPERACÉES, *CYPERACEÆ.*

CARICÉES, *CARICEÆ.*

CAREX.

Flores monoici vel dioici, spicati : masculi triandri, rariùs diandri, squamâ unicâ tecti; foeminei squamâ tecti et urceolo inclusi. Urceolus binervis, sæpiùs compressus, apiceque bidentatus. Ovarium inclusum, sæpè stipitatum, subtrigonum. Stylus simplex, urceolo inclusus. Stigmata tria vel duo exserta, filiformia, aspera.

1. CAREX OVALIS.

C. spiculis androgynis, infernè masculis, approximatis, subsenis, ovalibus; stigmatibus duobus (quandòque tribus); squamis lanceolatis, urceolum æquantibus; urceolis ovatis, compressis, striatis, marginatis, denticulatis, apice bidentatis; foliis planiusculis; culmo acutè trigono, scabro.

Carex ovalis, Good. *Trans. linn. soc.*, II, p. 148; Schkuhr, *Caric., ed. Gall.*, p. 148, tab. B, fig. 8; Decand, *Fl. fr.*, III, p. 110; *Bot. gall.*, I, p. 490.

Varietas minor; culmo humili, subquadripollicari, foliis breviore, spicâ densâ vix octo lineis longâ.

Carex Macloviana, D'URV. *Flor. des Malouines*, p. 28.

Loc.: Dans les lieux secs des îles Malouines.

Obs. Une comparaison attentive des échantillons des îles Malouines avec ceux de France et avec la figure de Schkuhr ne permet pas de distinguer ces plantes; elle ne diffère de la plante européenne que par ses dimensions moindres dans toutes ses parties.

2. CAREX SIMILIS.

C. foliis linearibus, planis, subcarinatis, apice subulatis, culmo triquetro, striato, scabriusculo, longioribus; spiculis androgynis, infernè masculis, subsenis, sessilibus, alternis, ellipticis (etiam junioribus), superioribus approximatis; squamis ovatis, acutiusculis, squariosis, nervo unico viridi, urceolos superantibus; urceolis ovato-lanceolatis, vix bidentatis, nec marginatis, nec denticulatis; stigmatibus binis.

Carex similis D'URVILLE. *Flor. mal.*, p. 28.

Loc: Le long des torrents aux îles Malouines.

Obs. Cette espèce ressemble beaucoup au *Carex curta*. Elle en a le port et la forme des fruits, mais elle en diffère par plusieurs caractères qui nous ont engagé à conserver l'espèce établie par M. d'Urville.

1° Son chaume est beaucoup plus court que les feuilles; il a environ six pouces, et les feuilles ont à peu près un pied de long, tandis que dans le *Carex curta* de France, le chaume égale ou dépasse les feuilles.

2° Les épis sont plus rapprochés les uns des autres, surtout vers l'extrémité, et sont plus gros et moins allongés dans leur jeunesse que ceux du *C. curta*.

3° Les écailles sont plus longues que les urcéoles, quelles recouvrent complètement.

Cette espèce diffère donc autant du *Carex curta* que beaucoup d'autres espèces généralement admises de ce genre diffèrent les unes des autres.

3. CAREX MUHLENBERGII.

C. spicâ cylindricâ, densâ; spiculis androgynis apice masculis, ovatis, approximatis. quandoque basi ramosis, bracteis longis, filiformibus; squamis ovatis, subulato-aristatis; urceolis compressis, planiusculis, subrotundis, marginatis. denticulatis, multinerviis, apice bidentatis, squamis longioribus, divergentibus; stigmatibus binis.

Carex Muhlenbergii, Schkuhr, *Car.*, tab. Yyy, fig. 178; Willd., *Spec.* IV, p. 231; Pers.. *Syn.*, II, p. 537; Pursh., *Flor. am.*, I, p. 36; Muhlenb., *Desc. gram.*, p. 221; Elliot., *Bot. of south Car.*, II, p. 529.

Carex vulpinoidea, Mich., *Fl. bor. am.* II, p. 169.

Loc.: Environs de la Conception au Chili.

Obs. Cette espèce s'accorde bien par tous ses caractères avec les échantillons du *Carex vulpinoidea* de l'herbier de Michaux, et avec la description du *Carex Muhlenbergii* de Schkuhr. Elle n'en diffère que par sa taille plus élevée et ses épillets plus rapprochés et plus gros; les formes de toutes les parties sont parfaitement identiques.

4. CAREX CRYPTOSTACHYS. Pl. XXV.

C. racemo composito, axillari, subradicali, foliis quintuplò breviore; spicis androgynis, apice masculis, distantibus, pedunculatis, deflexis, linearibus; flosculis inferioribus 5-6 fœmineis, remotiusculis, non imbricatis; squamis ovatis, acutiusculis, multinerviis, scariosis, urceolis obovato-fusiformibus, apice bifidis, striatis, duplò brevioribus; stigmatibus tribus: flosculis superioribus masculis, paucis, approximatis, arctè imbricatis, flosculum fœmineum vix æquantibus; foliis linearibus carinatis, coriaceis, striatis, apice subulatis, longissimis.

Rhizoma apice ascendens, vaginis foliorum laceratis tectum, fuscum, radices elongatos subsimplices emittens. Culmus brevissimus foliis approximatis, tristichis, involutus. Folia linearia, coriacea, longissima, sesquipedalia, vel subbipedalia, valdè carinata, striata, glaberrima, basi quatuor lineis lata, apice angustata, subulata et subfiliformia. Scapus ex axillis foliorum inferiorum nascens, solitarius vel geminatus, foliis quintuplò brevior, spicas androgynas, quatuor ad octo, sustinens, basi bracteà subulatà vaginante suffultas. Spicæ brevè pedunculatæ, laxæ, basi fœmineæ, apice masculæ, glaberrimæ. Flores fœminei quinquè ad sex, distantes. Squamæ ovatæ, acuminatæ, basi amplexicaules, scariosæ, nervosæ, urceolis duplò breviores. Urceoli obovato-fusiformes, nervosi, nervis lateralibus majoribus, asperis, apice bidentati. Ovarium, jàm evolutum, stipitatum, trigono-subglobosum, angulis medio foveolà notatis. Stylus filiformis, urceolum æquans. Stigmata tria filiformia, divergentia, circinata, aspera. Flores masculi spiculam minimam ad apicem spicæ fœmineæ efformantes, sessilem, urceolo floris fœminei breviorem, arctè imbricatam. Squamæ ovato-lanceolatæ, acutæ, nervosæ, approximatæ, spiculam subæquantes. Stamina tria in axillâ cujusque squamæ, filamentis liberis, squamas paulò superantibus, antheris oblongo-linearibus.

Loc. : Offack dans l'île Waigiou, l'une des îles des Papous.

Pl. XXV. *Carex cryptostachys*, de grandeur naturelle. Fig. 1, un des épis femelle à la base et mâle au sommet; fig. 2, extrémité mâle de l'épi; fig. 3, une des écailles qui accompagnent les fleurs femelles; fig. 4, fleur femelle renfermée dans son urcéole; fig. 5, fruit sorti de l'urcéole; fig. 6, le même coupé longitudinalement.

5. CAREX ACAULIS. Pl. XXVIII A.

C. spicâ masculâ unicâ, terminali, ovatâ, squamis lanceolatis, acutis, staminibus monadelphis; spicis fœmineis, subternis, approximatis, ovato-subglobosis, sessilibus, vel brevissimè pedunculatis, erectis, inter folia lineari-subulata, carinata, rigida, patentia, subimmersis; squamis ovato-oblongis, uninerviis; urceolis ovatis, acutiusculis, bidentatis; stigmatibus binis.

Carex acaulis. D'Urv. *Flor. des Malouines*, p. 29.

Planta minima stolonifera, caule brevissimo, foliis rigidis, tristichis, patulis, apice curvatis, lineari-subulatis, acutis, carinatis, substriatis; vaginâ membranaceâ lacerâ. Spicæ congestæ subsessiles foliis breviores et subimmersæ; spica mascula unica, terminalis, pedicellata, erecta, ovata, bracteâ ovatâ acuminatâ suffulta. Squamæ imbricatæ oblongo-lanceolatæ, acutæ, mucronatæ, spicæ subæquales, fuscæ, nervo medio viridi. Stamina tria, filamentis sæpiùs plùs minùsve connatis, monadelphis. Spicæ fœmineæ, ovato-subglobosæ, subternæ, approximatæ, brevi pedicellatæ, pedicellis vaginis foliorum immersis. Squamæ imbricatæ, ovato-oblongæ, obtusæ, fuscæ, margine scariosæ, albidæ, nervo medio viridi, urceolum subæquantes. Urceolus ovali-fusiformis, apice bidentato, dentibus brevissimis obtusis, glaberrimus, striatus, vix compressus. Ovarium inclusum, ovatum. Stylus urceolum paululùm superans. Stigmata duo filiformia, villosa.

Loc. : Iles Malouines; fréquent dans les lieux secs.

Obs. Cette espèce se rapproche des *Carex saxatilis* et *mucronata* de Schkuhr, par plusieurs de ses caractères et surtout par ses pistils à deux stigmates; elle diffère de tous les deux par sa tige extrêmement courte, et par ses épillets cachés entre des feuilles assez larges, roides et étalées; elle se distingue en outre du *C. saxatalis* par les écailles des épis mâles, plus longues, aiguës et légèrement mucronées; du *Carex mucronata*, par la forme des épillets, par les écailles des épillets femelles plus obtuses, et par les utricules non ciliés.

Planche XXVIII. A. *Carex acaulis*, de grandeur naturelle. Fig. 1, une des écailles de l'épi mâle; fig. 2, deux étamines réunies par leurs filets; fig. 3, trois étamines unis de même par les filets; fig. 4, une des écailles des épis femelles; fig. 5, pistil renfermé dans l'urcéole.

6. CAREX FUSCULA. Pl. XXVIII, fig. B.

C. foliis radicalibus, rigidis, recurvis, caule nudiusculo brevioribus, vel longioribus; spiculis fuscis, ovato-oblongis, fœmineis subternis, approximatis, brevissimè pedicellatis, erectis, foliis longissimis, subulatis, suffultis; squamis ovatis, aristato-mucronatis, utriculum lævè subæquantibus; stigmatibus ternis; spiculâ masculâ, solitariâ, squamis obovatis, scariosis, brevè mucronatis.

Carex fuscula. D'Urv. *Flor. des Malouines*, p. 28.

Rhizoza squamis laceratis, nigrescentibus, tectus, radices fibrosas, nigras emittens. Caulis erectus, basi foliosus, supernè nudus, vel folio solitario præditus. Folia approximata, caule breviora vel sæpè caule humiliore longiora (ut in icone), rigida, carinata, recurva, acuta, glaberrima, margine nervoque medio retrorsùm scabra. Scapus vel brevis-

sinus vaginis foliorum immersus vel semi-pedalis nudus, vel sesquipedalis folio medio præditus, obtuse triqueter, lævis. SPICULÆ approximatæ,
ovato-oblongæ, fuscæ, erectæ, subsessiles, pedicello vaginâ bractearum
incluso, fœmineæ subternæ, masculo solitario. BRACTEÆ longissimæ,
inferiœ foliacea, tribus ad quinque pollicibus longa, patens; superiores
angustiores et breviores, culmum attamen longè superantes. SQUAMÆ
florum fœmineorum ovatæ, obtusæ, fuscæ, margine scariosa, nervo
medio viridi desinente in mucrone rigido squamæ dimidiam partem
æquante; florum masculorum squamæ longiores, obovatæ, obtusæ, vix
mucronatæ. STAMINA tria, filamentis liberis capillaribus. URCEOLUS ovato-
fusiformis, lævis, apice bidentatus. STIGMATA tria.

Loc. : Iles Malouines, dans les lieux secs.

Obs. La planche XXVIII, fig. B, représente un des deux échantillons rapportés par M. d'Urville; ils sont l'un et l'autre très-
petits, la tige ne s'élevant pas au dessus des feuilles qui environnent les épis; c'est sous cette forme que M. d'Urville parait
l'avoir observée et qu'il l'indique dans sa Flore des Malouines.
Depuis la gravure de cette planche, j'ai trouvé, parmi les plantes
recueillies aux îles Malouines par M. Gaudichaud, d'autres
échantillons qui appartiennent certainement à la même espèce,
mais dont les tiges s'élèvent à 6 pouces ou même à 1 pied et 1 pied
et demi. Les feuilles et les épillets ont exactement la même forme.

Cette plante se rapproche beaucoup d'un *Carex*, rapporté du
détroit de Magellan par Commerson, que M. Défontaines
a désigné dans l'Herbier du Muséum, sous le nom de *C. fusco-
atra*; mais dans cette plante, les épis sont beaucoup plus
gros. Les femelles sont au nombre de 4 à 5, et les inférieurs
distinctement pédicellés; enfin les bractées inférieures, moins
larges, dépassent à peine l'épi mâle. Les écailles des fleurs femelles sont moins arrondies, presque tronquées au sommet.

Il y a aussi des rapports marqués entre cette plante et le *Carex extensa* de Goodenough, mais la forme et la couleur des

épillets les distinguent facilement ; cependant c'est auprès de cette espèce que la plante que nous décrivons doit venir se ranger.

Planche XXVIII. B. *Carex fuscula*, de grandeur naturelle. Fig. 1, une des écailles des épis mâles ; fig. 2, une des écailles des épis femelles ; fig. 3, un pistil renfermé dans son urcéole.

7. CAREX CHILENSIS.

C. caule tripedali folioso, foliis linearibus, longissimis ; spicis fœmineis subquaternis, distantibus, ovato-oblongis, sessilibus, inferioribus folio caule longiore suffultis, superioribus brac-teâ subulatâ, spicam vix superante ; spicâ masculâ solitariâ, cylindricâ ; squamis fœmineis lanceolato-subulatis, basi dilata-tis, urceolum fusiformem, acutum, bidentatum, superantibus ; masculis subulatis, acutissimis ; stigmatibus duobus.

Caulis simplex, erectus, trigonus, tripedalis et forsan ultrà. Folia inferiora, ignota ; e basi caulis folium unicum longè vaginans, vaginâ pedali membranaceâ, laceratâ, limbo lineari longissimo tripedali et incompleto. Folia floralia quinque, inferior sesquipedale caulem superans, secundum semipedale caulem æquans, superiora caule breviora spicam vix superantia, subulata. Spicæ fœmineæ quinque sessiles, oblongæ, erectæ, apice quandòque masculæ, superiores præsertim. Spica mascula linearis cylindrica. Squamæ masculæ lineari-subulatæ, acutissimæ, flavescentes. Squamæ fœmineæ basi latiores, subauriculatæ, apice acuminato-subulatæ, acutissimæ, urceolum superantes. Urceolus lævissimus, coriaceus, fusiformis, rostro bidentato, dentibus acutis. Fructus globosus, stylo filiformi urceolo æquali superatus. Stigmata duo? divergentia.

Loc. : La Conception, au Chili.

Obs. Je ne trouve aucun Carex décrit qui ait les caractères remarquables de cette espèce ; sa grande taille et ses feuilles beaucoup plus longues que la tige; ses épillets gros, éloignés et sessiles, dont les inférieurs sont accompagnés de véritables feuilles comme dans le *Carex distans*. La forme des écailles et des urcéoles le distingue de toutes les espèces indiquées jusqu'à présent; il a quelque analogie par son port, et par quelques-uns de ses caractères, avec le *Carex recurva* Forst. (Schkuhr, p. 156, tab. Z, et N n, n° 84), qui s'en distingue cependant facilement par ses épis inférieurs longuement pédicellés dans la plante en fruit, et par ses fruits recourbés vers la base des épis.

8. CAREX URVILLII.

C. caule humili, foliis lineari-subulatis breviore; spicis masculis tribus, squamis ovato-oblongis, scariosis; spicis fœmineis tribus, subsessilibus, erectis, approximatis, inferioribus foliis longissimis, erectis, stipatis; squamis fuscis, ovato-acuminatis, urceolo ovato, lævissimo, bidentato, longioribus; stigmatibus tribus.

An. varietas *Caricis littoreæ*, LABILL., *Spec. flor. Nov. Holl.* Pl. II, 69, t. 219?

Loc. : Chili, près de la Conception.

Obs. Je ne possède qu'un échantillon très-imparfait de cette plante. Elle a la plupart des caractères du *Carex littorea* de Labillardière; mais elle en diffère cependant par ses urcéoles, qui sont beaucoup plus courts que les écailles, tandis que, dans la plante de la Nouvelle-Hollande, ils dépassent ces écailles; ce caractère joint à la différence des localités, m'a engagé à distinguer ces plantes, qui auront besoin toutefois d'être comparées sur des échantillons plus nombreux.

9. CAREX TRIFIDA.

C. caule pedali, foliis latis, lineari-subulatis, apice filiformibus, breviore; spicis masculis tribus, sessilibus, approximatis, ovato-oblongis, fœmineis 4-6, erectis, inferioribus pedunculatis, pedunculo rigido, ex axillà foliorum caule longiorum exserto; squamis ovato-oblongis, squariosis, fuscis, apice profunde bifidis, ex sinu longè aristatis (subtrifidis); urceolo compresso, nervoso, lanceolato, apice bidentato; stigmatibus tribus.

Carex trifida, Cavan., *Ic.*, Tom. V, p. 41, tab. 645.
Carex aristata, d'Urv. *Flor. des Malouines*, p. 27.

Loc. : Iles Malouines, dans les sables maritimes.

UNCINIA.

Flores monoici, spicati : masculi superiores, triandri, squamâ unicâ tecti; foeminei squamâ tecti et urceolo compresso inclusi. Filamentum rigidum, e basi laterali ovarii nascens, apice urceoli exsertum, hamatum. Ovarium urceolo inclusum. Stylus simplex, basi articulatus. Stigmata tria.

1. UNCINIA PHLEOIDES.

U. glaberrima, spicâ cylindricâ, filiformi, densâ, folia linearia æquante vel superante; squamis arctè imbricatis, oblongolanceolatis, obtusis, trinerviis, glabris, urceolos compressos,

oblongos, margine ciliato-fimbriatos, ore integros, subæquantibus; aristâ glaberrimâ , vix tertiâ parte urceolo exsertâ,
apice abruptè uncinatâ.

Uncinia phleoides, Pers., *Syn.*, II, p. 534.
Carex phleoides, Cav., *Icon.*, V, p. 40, tab. 464, fig. 1.
Uncinia macloviana, Gaud., *Bot. de l'Uranie*, p. 412.

Loc.: Environs de la Conception, au Chili.

SCLÉRINÉES, *SCLERINÉÆ.*

DIPLACRUM. R. Br.

Flores monoici, masculi et fœminei in eodem fasciculo. Flores masculi spicati; spiculæ ad basim florum
fœminearum insertæ, squamis membranaceis. Stamen
solitarium in axillâ cujuslibet squamæ. Flores foeminei
solitarii, ad apicem ramulorum fasciculi. Squamæ duæ
oppositæ, pistillum involventes. Ovarium globosum,
nudum. Stylus cylindricus, simplex, basi ovario continuus. Stigmata tria. Akenium sphœricum, basi nudum,
apice basi styli acuminatum, squamis floris inclusum.

1. DIPLACRUM CARICINUM. R. Br. Pl. XXVI[1].

D. glaberrimum, caule humili folioso, foliis linearibus planis.

---

[1] Cette espèce est désignée sur notre planche sous le nom de *Diplacrum tri-
dentatum*; le caractère fourni par les écailles des fleurs femelles et quelques autres
n'étant pas indiqués par M. Brown, j'avais cru qu'elle constituait une espèce particulière, mais ayant depuis eu occasion d'examiner un échantillon envoyé par
M. Brown au Muséum, je me suis convaincu de leur identité.

trinervibus, obtusis, brevibus, basi laxè vaginantibus; capitulis axillaribus, subsessibus, floribus fœmineis ternis, squamis nervosis apice tridentatis.

Diplacrum caricinum, R. Br. *Prod.* p. 24.

Caules palmares fasciculati ascendentes, subsimplices, trigoni, vaginis foliorum tecti. Folia linearia, pollicaria vel sesquipollicaria, apice obtutiuscula, nervis tribus majoribus notata, plana, vaginis trigonis, supernè dilatatis, laxis, truncatis. Fasciculi florum androgyni axillares, subglobosi, pedicello vaginâ vix exserto, apice trifido, ramulo intermedio florem fœmineum nudum, lateralibus basi bracteatis, apice florem fœmineum et externè spiculas duas masculas sustinentibus. Bracteæ externæ, carinatæ, apice aristatæ, interiores muticæ, membranaceæ. Spiculæ masculæ floribus fœmineis breviores et bracteis ferè omninò tectæ. Squamæ paucæ, oblongæ, membranaceæ, subpellucidæ. Stamina solitaria in axillâ cujusque squamæ. Spiculæ fœmineæ terminales unifloræ. Squamæ duæ oppositæ, ovatæ, concavæ, septemnerviæ, apice trifidæ, lobis lateralibus membranaceis, obtusis, medio longiore acuminato, rigido, nervoso. Squamulæ hypogynæ nullæ. Ovarium ovatum, læve. Stylus simplex basi subarticulatus. Stigmata tria, linearia, erecta, stylo subæqualia. Akenium globosum, costatum, apice basi styli mucronatum, squamis floris inclusum.

Loc. : Amboine.

Pl. XXVI. *Diplacrum caricinum*, de grandeur naturelle. Fig. 1, un fascicule de fleurs mâles et femelles; fig. 2, un des rameaux latéraux de ce fascicule terminé par un épillet femelle et portant deux petits épillets mâles; fig. 3, un des épillets mâles développé; fig. 4, épillet femelle au moment de la floraison; fig. 5, pistil; fig. 6, épillet femelle lors de la maturité du fruit; fig. 7, une des deux écailles qui le composent; fig. 8, fruit mûr.

BECQUERELIA.

FLORES monoici, fasciculati, masculi et fœminei in eodem fasciculo. SPICULÆ MASCULÆ plures ad basim spiculæ fœmineæ, squamis membranaceis. STAMINA solitaria in axillà cujusque squamæ. SPICULÆ FOEMINEÆ terminales, unifloræ, squamis quinque ad septem ordine quincunciali dispositis, interioribus majoribus. DISCUS carnosus, annularis, basim ovarii cingens. OVARIUM conicum. STYLUS simplex. STIGMATA duo vel tria, filiformia. AKENIUM durum, crustaceum, trigono-depressum vel lenticulare, disco circulari basi cinctum.

Obs. Genus DIPLACRO affinior quam SCLERIÆ, cum priore etenim convenit spiculis fœmineis terminalibus, masculis stipatis, spiculis masculis minimis membranaceis squamis monandris; differt spiculà fœmineà solitarià squamis pluribus undique imbricatis nec duobus tantum composità et disco ovarium cingente: a SCLERIA facile distinguitur spiculis masculis ad basim spiculæ fœmineæ, bracteis squamis fœmineis similibus tectis, minimis, squamis membranaceis monandris. Inflorescentia etiam cymosa et axillaris inflorescentiæ DIPLACRI quam SCLERIÆ similior.

Dicavi celeberrimo rerum physicarum scrutatori BECQUEREL, Academiæ Scientiarum socio, qui tam multis ingeniosisque experimentis naturæ vires occultissimas exposuit

1. BECQUERELIA CYMOSA. PL. XXVII.

B. foliis longissimis, linearibus, vittæformibus, planis, trinerviis; floribus cymosis, cymis axillaribus laxis multifloris pedunculatis, spiculis compositis solitariis; stigmatibus tribus, akeniis trigono depressis tuberculatis.

Caulis erectus, simplex, trigonus, striatus, scaber. Folia, vaginâ brevi (subpollicari) trigonâ, angulis rotundatis, dilatatâ, margine laminæ oppositâ emarginatâ, laminâ longissimâ, inflorescentiam longè superante, lineari, æquali, vix pollice latâ, planâ, vittæformi, apice acutâ, nervis tribus majoribus, tenuioribus interpositis, margine nervisque superiùs scabris. Inflorescentia : cymæ compositæ ex vaginis foliorum superiorum geminatìm vel ternatìm exeuntes, approximatæ, pedunculis communibus vaginâ longioribus, secundariis patentibus, basi distantibus, bibracteatis, pedunculis propriis (glomerulum è spiculâ fœmineâ spiculisque masculis compositum sustinentibus) approximatis, sub-umbellatis, basi bracteatis, intermediis brevissimis. Glomeruli terminales pedicellati, squamis duodecim ad quindecim ovatis, acuminatis, undique imbricatis, rachi communi insertis; quinque ad septem inferiores angustiores spiculas masculas stipantes et ferè omninò obtegentes; superiores spiculam fœmineam constituentes majores; tres supremæ longiores pistillum arctè adpressæ, trinerviæ, basi incrassatæ et in fructu induratæ (an perianthium triphyllum?), angulis fructus oppositæ. Discus carnosus circularis basim ovarii cingens. Pistillum ovato-pyramidatum. Stylus simplex, basi angustatus, squamis brevior. Stigmata tria filiformia elongata, papillis brevibus vestita. Fructus trigono-depressus, tenuè tuberculatus, tuberculis lævissimis splendentibus, basi disco indurato annulum tenuem efformante cinctus.

Loc : L'île Sainte-Catherine, sur la côte du Brésil (D'Urville). — Rio-Janeiro (Gaudichaud, Leschenault, Gay, *Herbier du Muséum.*)

Planche XXVII. *Becquerelia cymosa* de grandeur naturelle. Fig. 1, un des épillets composés, renfermant l'épillet femelle au centre, et les épillets mâles inférieurement; fig. 2, une des écailles de l'épillet femelle; fig. 3, un des épillets mâles étalé; fig. 4-5, écailles de l'épillet mâle; fig. 6, une étamine; fig. 7, le pistil entouré du disque et supporté par l'axe de l'épillet.

2. BECQUERELIA GLOMERULATA.

B. foliis caule longioribus, angustis, linearibus, multinerviis, carinatis; cymis axillaribus subsessilibus compositis, glomerulis centralibus subsessilibus, lateralibus pedunculatis subumbellulatis, è spiculis masculis et fœmineis aggregatis compositis; stigmatibus duobus; akeniis compressis lenticularibus, lævibus.

Rhizoma squamatum. Caulis erectus, simplex, trigonus, striatus, lævis, basi vaginis oblongis violaceis vestitus. Folia linearia angusta, caulem longè superantia, multinervia, striata, lævia, carinata. Inflorescentia; cymæ axillares brevè pedunculatæ, solitariæ vel geminatæ. Glomeruli centrales sessiles, laterales pedunculati umbellati; glomerulus quisque sphæricus, grani miliacei magnitudine, è spiculis compositis sessilibus valdè approximatis formatus. Spiculæ compositæ squamis lanceolatis, inferioribus spiculas masculas stipantibus, superioribus vacuis flosculum fœmineum terminalem involucrantibus. Spiculæ masculæ, squamis membranaceis subdistichis, staminibus solitariis in axillâ cujusque squamæ. Spicula foeminea terminalis, squamis tribus superioribus longioribus mucronatis, perianthium triphyllum subefformantibus. Discus annularis brevissimus. Ovarium ovato-conicum, in stylo attenuatum. Stylus brevis. Stigmata duo linearia, brevia, revoluta. Akenium sublenticulare, læve, disco annulari brevi cinctum, apice basi styli cuspidatum.

Loc : La Guyanne (Poiteau, *Herb. du Muséum*).

Obs. J'ai ajouté la description de cette seconde espèce, quoiqu'elle ne provienne pas du voyage du capitaine Duperrey, afin de faire connaitre plus complétement ce nouveau genre. Les caractères tirés de l'inflorescence et de la disposition des épillets mâles et femelles s'accordent parfaitement avec ceux de la première espèce, cependant cette plante diffère par un caractère assez essentiel, qui aurait pu déterminer à en former un genre distinct, le nombre des stigmates, et par suite la forme du fruit. Mais, comme on trouve ces deux formes dans des genres très-naturels voisins de celui-ci, tels que les *Carex*, j'ai cru qu'il était préférable de laisser ces deux plantes réunies.

SCLERIA.

Spiculæ sexu distinctæ, rariùs hermaphroditæ; masculæ squamis inferioribus vacuis, superioribus triandris; foemineæ squamis paucis, distichis, intermedia fertili, inferioribus superioribusque vacuis. Discus trilobus, in fructu cartilagineus, ad basim ovarii. Ovarium ovatum. Stylus brevis. Stigmata tria, elongata. Akenium crustaceum, subglobosum, læve vel tuberculatum, vel foveolatum.

1. SCLERIA TESSELLATA.

Sc. caule acutè triangulari aspero; foliis lineari-subulatis trinerviis, vaginâ non alatâ, truncatâ, margine pilosâ; spiculis paniculatis, paniculis terminalibus et axillaribus; bracteis inferioribus foliaceis, alteris subulatis spiculas æquantibus vel paulò superantibus; spiculis masculis oblongis, squamis oblongo-lanceolatis; spiculis foemineis ad basim ramulorum, squamis tribus acuminatis, carinatis, dorso ciliatis; fructibus globosis, foveolatis, fasciculatim pilosis.

Scleria tessellata, Willd., *Spec.*, IV, p. 315.
Carex indica, Rumph., *Amb.*, liv. X., tab. 8, fig. 1.

Loc : Offack, dans l'île Waigiou, l'une des îles des Papous.

2. SCLERIA BRACTEATA.

Sc. caule acuté trigono, lævi, angulis scabris, foliis lato-linearibus, trinerviis, vaginâ lævi apterâ, ore membranâ triangulari acutâ fuscâ superatâ; spiculis paniculatis, paniculis terminalibus et axillaribus, bracteis subulatis filiformibus spiculis multò longioribus; spiculis fœmineis squamis tribus lanceolatis acutis carinatis distichis. Fructu...

Scleria bracteata, CAVAN., *Icon.*, V, p. 34, tab. 457.

Loc : Amboine, l'une des iles Moluques.

3. SCLERIA TRIALATA.

Sc. caule acutissimé trigono, subalato, angulis scabris; foliis linearibus acutis latis, trinervibus, margine denticulatis, vaginis dilatatis angulis alatis, ore truncato piloso; paniculis terminalibus et axillaribus amplis, bracteis subulatis; rachi angulis bracteisque margine pilosis; spiculis ovato oblongis, squamis subsenis distichis ovatis obtusis, superioribus mucronulatis; fructibus...

Scleria trialata. POIR., *Enc.*, VII, p. 6; PERS., *Syn.*, II, p. 547.

Loc : Amboine et Rawack, dans les Moluques ('D'Urville et Gaudichaud).

LAMPOCARYA. R. BR.

SPICULÆ uniflorœ, squamis subdistichis, inferioribus brevioribus vacuis; rudimento squamulæ squamæ superiori adnato. SETÆ hypogynæ nullæ. STAMINA 3-6, filamentis persistentibus elongatis. Ovarium ovatum basi nudum; Stylus simplex filiformis; Stigmata tria indivisa. Akenium læve durum, basi styli persistente cuspidatum; pericarpio superiùs incrassato; semine lævi.

1. LAMPOCARYA AFFINIS. Tab., XXIX.

L. foliis revolutis filiformibus, paniculâ compositâ interruptâ foliatâ longioribus; spiculis ovato-lanceolatis acutis; akeniis ovatis, apice trigono-pyramidatis acutis, fulvis, filamentis elongatis externè suspensis.

Caulis erectus, sesquipedalis, cylindricus, striatus, lævis. Folia, vaginâ striato-scabrâ, superiùs obliquè truncatâ, laminâ lineari-subulatâ rigidâ, striatâ, revolutâ, apice filiformi. Panicula elongata, semipedalis, foliosa, interrupta, paniculis axillaribus spicæformibus composita, spiculis subternis glomeratis subsessilibus, bractèis subulatis vaginantibus ciliolatis stipatis. Spiculæ ovato-lanceolatæ acutæ; squamis sex ad septem subdistichis, inferioribus brevioribus ovato-lanceolatis, acuminatis, dorso carinatis, denticulatis, duobus superioribus lanceolatis lævibus convolutis obtusinsculis florem includentibus. Squamula oblonga, superficiei interiori squamæ superioris basi adnata. Squamulæ vel Setæ hypogynæ nullæ. Stamina tria, filamentis elongatis, post anthesim squamæ superioris apice involutis, fructumque squamis emersum sustinentibus. Ovarium ovatum acutum læve. Stylus simplex, filiformis. Stigmata tria elongata, undique papillosa. Akenium ovatum, superiùs trigono-pyramidatum, acuminatum, læve, fulvum, filamentis staminum basi adnatis suspensum; pericarpio superiùs crassiori. Semen obovatum parte inferiore akenii inclusum.

Loc : Nouvelle-Zélande.

Obs. Vix differt species suprà descripta a *Morelotia Gahniæformis* Gaudich. (Bot. du Voy. de *l'Uranie*, p. 416, pl. 28, seu *Lam-*

pocarya Gaudichaudii, nob.), ex insulis Sandwich allata, attamen distincta videtur paniculà longiori interruptà; breviori
et magis approximatà in *L. Gaudichaudii*; akenio acuto pyra-
midato, fulvo, nec ovato obtuso nigro, ut in plantà insularum
Sandwich.

PLANCHE XXIX. *Lampocarya affinis* de grandeur naturelle. Fig. 1, un épillet en
fleur grossi; fig. 2, le même coupé longitudinalement, montrant la position respective des diverses parties de la fleur; fig. 3, épillet avec le fruit mûr sorti de l'épillet
et suspendu par les filets des étamines; fig. 4, coupe du fruit; fig. 5, fruit du *Lampocarya Gaudichaudii* (*morelotia galniæformis* Gaud.)

BAUMEA. GAUD.

SPICULÆ aggregatæ bi-trifloræ, squamis subdistichis,
unà alteràve inferiore vacuà, superioribus unà vel duobus vacuis, intermediis duobus vel tribus floriferis.
FLORES vel hermaphroditi diandri aut monandri vel
fœminei. OVARIUM cum basi styli incrassatà continuum;
STIGMATA tria filiformia. AKENIUM læve, durum, basi
continuà incrassatà styli (sæpè villosà) cuspidatum.

Baumea mariscoides Gaud. foliatione et etiam inflorescentia
Baumeæ glomeratæ valde affinis, structurà vero spicularum
non congener et vix a LAMPOCARYA diversa videtur; etenim hujusce speciei spiculæ sunt unifloræ, squamis distichis, inferioribus vacuis brevioribus, flore hermaphrodito
triandro. Akenium in BAUMEA et LAMPOCARYA subsimile,
pericarpio superius crassiore et basi incrassatà styli (in BAUMEA
villosà) cuspidatum; denique *Baumea mariscoides* a LAMPOCARYA

non differt nisi filamentis staminum post anthesim non elongatis.

Baumea glomerata contrà akenio LAMPOCARYÆ similis, differt spiculis vel trifloris, unà alterâve squamà tantùm vacuâ floribus monandris vel diandris vel etiam anandris et variatione spicularum et florum secundum positionem in inflorescentiâ.

1. BAUMEA GLOMERATA.

B. caule compresso ancipite, foliis distichis æquitantibus, linearibus, elongatis, paniculam longè superantibus, enervibus, glaucescentibus, vaginis compressis; spiculis glomeratis basi bracteatis, glomerulis pisi magnitudine pedunculatis subpaniculatis, pedunculis axillaribus fasciculatis subsimplicibus; akenio lævi ovato, cuspide longà villosà.

Baumea glomerata, GAUD., Bot. du Voy. de *l'Uranie*, p. 416, pl. 29.

CAULIS erectus, simplex, compressus, anceps, lævis. FOLIA approximata, vaginantia, disticha, æquitantia, paniculà multò longiora, glaberrima glaucescentia, vaginà valdè compressà, obliquè fissà, dorso carinatà, laminà lineari acutà, enervi, erectà, plicato-coanatà, facie superiori nullà, facie inferiori bilaterali. PANICULA semipedalis, ramis inferioribus ex axillà folii exeuntibus, superioribus bracteis decrescentibus, pedunculis triquetris simplicibus fasciculatis, longitudine inæquali, longioribus apice subramosis. Spiculis fasciculatis, fasciculis glomeratis; glomerulis pisi vel nucis avellanæ magnitudine, sæpe glomerulis minoribus compositis; fasciculis sessilibus approximatis, squamis scariosis subtectis, plerumque è spiculis duobus vel tribus imbricatis constitutis, inferioribus bifloris, superiore terminali triflorà. SPICULÆ squamis subdistichis, inferiore et superiore vacuâ, intermediis duobus vel tribus floriferis; flos inferior in spiculis bifloris monandrus, superior anandrus; in spiculis trifloris, inferior diandrus, intermedius monandrus, superior anandrus. STAMINA filamentis elongatis filiformibus; antheris linearibus. OVARIUM turbinatum, parte superiore carnosâ, crassiori, lævi. Stylus subulatus, basi incrassatus, villosus, ovario continuus. Stigmata tria, filiformia. Akenium ovatum, fulvum, nitens, basi persistente styli conico-subulatâ, villosâ, rostratum.

Loc : Offack dans l'île Waigiou, l'une des Moluques.

CARPHA. R. Br.

Spiculæ uni vel bifloræ, squamis distichis, inferioribus 4-6 vacuis, 1-2 superioribus abortivis; flore unico hermaphrodito vel duobus, altero hermaphrodito superiore, altero inferiore masculo. Perianthium : setæ membranaceæ 3-6, squamas floriferas æquantes, plumosæ vel glabræ. Stamina tria vel rarius duo. Ovarium oblongo-trigonum. Stylus capillaris, basi incrassatus, cum apice ovarii continuus. Stigmata 3 vel 2, elongata, papillosa. Akenium oblongum, cylindricum vel trigonum, basi styli cuspidatum.

1. CARPHA ARUNDINACEA. Pl. XXX.

C. culmo subcylindrico, lævi, folioso, foliis lineari-subulatis denticulatis; paniculâ maximâ ramosissimâ, foliosâ, fastigiatâ; spiculis subgeminatis, compressis, lanceolatis, bifloris, squamis lanceolatis acutis carinatis; floribus triandris, setis sex, basi membranaceis, longè plumosis; akenio oblongo-trigono.

Rhizoma crassum, basibus foliorum laceratis, fibrillosis, undique et densè tectum. Caulis erectus, simplex vel basi (ex axillâ foliorum radicalium) ramosus, obtusè trigonus, subcylindricus, lævis, tripedalis, foliosus. Folia linearia, subulata, apice filiformia, rigida, nervosa, carinata, margine denticulata, superiùs lævissima, inferiora approximata, caulina distantia; vaginis sesquipollicaribus, lævissimis, superiùs obliquè truncatis. Panicula maxima, ramosissima, subbipedalia, laxè fastigiata, ramulis primariis bracteis foliaceis linearibus, secundariis bracteis subulato-filiformibus vaginantibus stipatis. Spiculæ solitariæ vel geminæ pedicellatæ, compressæ, lanceolatæ, acutæ; squamis novem ad decem distichis carinatis, dorso asperis, rigidis, inferioribus quinque ad sex vacuis, ovato-lanceolatis, acutis, superioribus duo lanceolatis, floriferis, supremis floribus interpositis vacuis, tenuioribus et brevioribus. Flos inferior masculus, pistillo imperfecto, sterili, superior hermaphroditus. Perianthium: setæ sex membranaceæ, lineari-subulatæ, basi latiores subconnatæ, ciliato-plumosæ, erectæ, squamas spiculæ floriferas æquantes vel paulò superantes et exsertæ. Stamina tria, tribus setarum opposita; filamenta linearia, plana, membranacea, glabra, setis longiora; antheræ lineares apice processu subulato superatæ, biloculares. Ovarium ovato-oblongum, in stylo filiformi longè exserto sensim attenuatum. Stigmata tria linearia, stylo breviora, undique papillosa. Akenium oblongo-trigonum, acutum, angulis scabris, basi styli vel stylo persistente cuspidatum, filamentis staminum et setis plumosis, basi akenii adnatis, patentibus, subpapposum.

Loc. : Offack, dans l'île Waigiou.

Planche XXX. Fig. 1. Base de la tige du *Carpha arundinacea* de grandeur naturelle; fig. 2, sommet de la panicule; fig. 3, un des rameaux latéraux de la base de la panicule; fig. 4, un épillet entier, grossi; fig. 5, les deux fleurs insérées sur le rachis de l'épillet, dépourvues des écailles qui les enveloppent, les écailles supérieures seules étant conservées; fig. 6, écaille avortée qui termine l'épillet; fig. 7, coupe longitudinale du fruit; fig. 8, le fruit entouré des filets des étamines et des soies plumeuses.

Obs. Cette espèce paraît se rapprocher du *Carpha diandra*, R. Br., *Prod.* 231, par ses tiges feuillées, par ses grandes panicules et par ses épillets biflores; mais ses fleurs ne sont pas diandres, ni son style bifide; enfin ses soies sont larges et plumeuses dans toute leur longueur.

GUSSONEA. Presl.

Spiculæ tri-quadrifloræ. Squamæ distichæ, imbricatæ; inferiores minores vacuæ; superiores longiores, conniventes, floriferæ. Setæ hypogynæ nullæ. Stamina tria. Ovarium ovatum, glabrum. Stylus simplex, basi incrassatus, bulbosus, articulatus, deciduus. Stigmata tria filiformia. Akenium obovato-trigonum.

1. GUSSONEA PAUCIFLORA, Pl. XXXIV.

G. culmo gracili, trigono, glabro; foliis radicalibus linearibus, angustissimis, obtusè mucronatis, ciliatis; spiculis biumbellatis, umbellulis paucifloris, pedicellis spiculisque glabris; bracteis subulatis, ciliatis; akeniis lævibus.

Culmi ex summitate rhizomatis ascendentes, fasciculati, erecti, basi tantùm foliosi, supernè nudi, graciles, scapiformes, trigoni, lævissimi, faciebus sulco exarati. Folia ad basim culmi numerosa, approximata, uno alterove tantùm distante, in culmo distinctè affixo; vagina elongata, adpressa, glabra, membranacea, ore emarginata; lamina lineari-filiformis, angustissima, inter lineam et semilineam lata, plana vel supernè margine convoluta, distantè et brevi ciliata, apice subtruncata, mucrone brevi acuto superata. Spiculæ pedicellatæ, inæqualiter biumbellatæ, umbellà umbellulisque bracteis subulatis, inæqualibus, valdè ciliatis, involucratis; pedicelli læves, glabriusculi; spiculæ in umbellulis geminæ, ternæ vel quaternæ, alterà sessili. Squamulæ distichæ, imbricatæ, glabræ sed subasperæ, inæquales; inferiores tres ad quatuor vacuæ, breviores, ovatæ, acuminatæ et submucronatæ; superiores tres ad quatuor floriferæ, lanceolatæ, acutæ, subconvolutæ, erectæ, apice conniventes; supremà vacuà lineari. Stamina tria, filamentis filiformibus, antheris linearibus, basi fixis, rimis duobus oppositis dehiscentibus. Ovarium ellipticum, glabrum. Stylus simplex, basi incrassato-bulbosus, articulatus, deciduus. Stigmata tria filiformia, simplicia, undique brevè papillosa. Akenium obovato-trigonum, læve.

Loc. : Amboine et Bourou, dans les îles Moluques.

Planche XXXIV. B. *Gussonea pauciflora* de grandeur naturelle. Fig. 1, épillet entier, grossi; fig. 2, fleur complète séparée des écailles; fig. 3, akène mûr.

Obs. Cette espèce est extrêmement voisine de celle de Californie, d'après laquelle Presl a constitué ce genre. (*Gussonea cyperoides*, Presl, in Reliq. Hænkeanis, p. 183, pl. 33.) Elle en diffère cependant par ses inflorescences composées de beaucoup moins d'épillets, par ses pédicelles glabres, et par ses akènes lisses ou à peine finement granulés; tandis que dans l'espèce d'Amérique, d'après Presl, ils sont fortement tuberculeux. Je crois donc que ces différences, jointes à la grande distance des localités, doivent faire considérer ces deux plantes comme distinctes.

CYPÉRINÉES, *CYPERINEÆ.*

PLEUROSTACHYS.

Spiculæ quinque-septem floræ, obtusæ; squamis subdistichis concavis, non carinatis; inferioribus 2-5 vacuis; superioribus floriferis. Setæ hypogynæ sex vel rariùs tres, plumosæ. Stamina tria. Ovarium supernè incrassatum. Styli duo è basi divergentes, caduci. Akenium lenticulare, læve, obtusum.

Plantæ (brasilienses), rhizomate repente, culmis erectis, foliosis; foliis distichis, linearibus vel lanceolatis, vaginâ rigidâ, truncatâ; spiculis minimis, ovatis, paniculatis; paniculis parvis, sæpiùs conglomeratis, axillaribus, foliis multò brevioribus.

Obs. Ce genre comprend cinq espèces, toutes du Brésil méridional, et particulièrement des environs de Rio-Janeiro, qui se font remarquer par un port tout-à-fait spécial, et dont on ne trouve d'analogue que parmi un très-petit nombre de Cypéracées, telles que quelques Scleria et Rhynchospora, et surtout les Dulichium, genre très-peu nombreux de l'Amérique boréale, avec lequel certainement notre nouveau genre a le plus de rapport. Les Dulichium s'en distinguent cependant parfaitement par leurs épillets longs et linéaires, sessiles, dont toutes les écailles sont fertiles, et par leurs soies, qui sont au nombre de huit, et garnies de fortes dentelures dirigées vers leur base; tandis que celles des Pleurostachys sont au nombre de trois ou de six, et toujours plumeuses, à fibrilles dirigées vers le sommet.

i. PLEUROSTACHYS URVILLII. Pl. XXXI.

Pl. glaberrima; foliis angustè lanceolatis, acuminatis, subfalcatis, lucidis, vaginis laxis, rigidis; paniculis glomeratis, pedunculo communi vaginâ vix longiore.

Culmus erectus, flexuosus, obscurè trigonus, lævissimus. Folia approximata, lætè virentia, plana, lævissima, subtrifariè inserta, disticha; inferiora lineari-lanceolata, acuminata, falcata, apice ascendentia; superiora lanceolata, acuminata, patentia, nervis parallelis numerosis, tribus magis notatis. Vaginæ truncatæ, coriaceæ, laxæ, subinfundibuliformes. PANICULÆ ex axillis quorumlibet foliorum (infimis exceptis) nascentes, pedunculo communi vaginam vix superante. SPICULÆ numerosæ, ovato-subglobosæ, approximatæ; pedicellis bipinnatis, inferioribus longioribus, superioribus brevissimis; squamulis duobus inferioribus vacuis, margine scariosis; superioribus 5-6 fertilibus, distichis, arctè imbricatis, obtusis, non carinatis, subenerviis. SETÆ hypogynæ sex, squamis paulò breviores, longè fibrillosæ, subplumosæ. STAMINA tria; filamentis basi dilatatis, membranaceis; antheris erectis, basi fixis, linearibus, bilocularibus, loculis parallelis adnatis, rimâ longitudinali dehiscentibus, caducis. OVARIUM ovato-oblongum, superne carnosum, plenum, sæpiùsque incrassatum, puberulum, basi tantùm excavatum; ovulo parvo, erecto. STYLI duo è basi divergentes, breves, in stigmata filiformia, undique brevè papillosa, desinentes [1].

Loc. : L'île Sainte-Catherine au Brésil.

PLANCHE XXXI. *Pleurostachys Urvillii* de grandeur naturelle. Fig. 1, un épillet entier, grossi; fig. 2, une des écailles; fig. 3. une fleur tout entière dégagée de l'aisselle de l'écaille : les filets des étamines sont dépourvus des anthères, qui sont tombées; fig. 4, une des soies hypogynes; fig. 5, ovaire plus développé, conpé vers sa base pour montrer l'ovule.

2. PLEUROSTACHYS GAUDICHAUDII.

Pl. caule striato, aspero; foliis lanceolatis, acutis, nervosis; vaginis laxis, striatis, puberulis; paniculis glomeratis, pedunculo communi gracili, vaginâ triplo longiore, puberulo.

Loc. : Rio-Janeiro (Gaudichaud).

[1] J'ai pensé qu'il pouvait être utile, pour mieux faire connaître ce genre, d'indiquer ici les quatre autres espèces que j'ai observées dans l'herbier du Muséum de Paris : toutes me paraissent inédites. Je vais rapporter leurs caractères distinctifs: on les trouvera décrites avec plus de détail dans le tom. 28 des Annales des Sciences naturelles.

3. PLEUROSTACHYS GRAMINIFOLIA.

Pl. caule striato; foliis linearibus acutis; vaginis adpressis, puberulis, valdè striatis; paniculis glomeratis, inferioribus longè pedunculatis, superioribus pedunculo vaginam vix excedente.

Loc. : Rio-Janeiro (Gaudichaud).

4. PLEUROSTACHYS TENUIFLORA.

Pl. culmo vaginisque lævissimis; foliis lanceolatis, acutis, lucidis, approximatis; paniculis laxis, bracteis subulatis, pedunculo communi vaginâ duplo-longiore; spiculis pedicellatis acutis, squamis acuminatis.

Loc. : Rio-Janeiro (Gaudichaud).

5. PLEUROSTACHYS ORBIGNIANA.

Pl. culmo triquetro, vaginisque elongatis, lævissimis; foliis linearibus, inferioribus longissimis, acutis, trinerviis; paniculis axillaribus et terminalibus, subcymosis, laxissimis et ramosissimis; spiculis ovatis, squamis obtusis.

Loc. : Rio-Janeiro, dans les lieux humides, près la source du Corcovado (Alcide d'Orbigny).

ABILDGAARDIA. Vahl.

Spiculæ multifloræ. Squamæ distichæ, imbricatæ, infimis vacuis. Stamen unum aut stamina tria. Ovarium ovatum læve. Stylus simplex, basi incrassatus, bulbosus, articulatus, deciduus. STIGMATA tria, filiformia, simplicia. AKENIUM triquetrum.

Subgenus ANDROTRICHUM. *Filamentis staminum in fructu elongatis, longe exsertis* (an Genus proprium ?)

1. ABILDGAARDIA POLYCEPHALA, pl. XXXII.

A. aphylla; culmo cylindrico, glaberrimo, basi vaginis fuscis involuto; spiculis numerosis aggregato-capitatis, capitulis um-bellatis, inæqualiter pedicellatis; pedicellis basi vaginato-brac-teatis.

RHIZOMA repens, fuscum, squamis tectum. CULMI aphylli, sesqui vel bipedales, basi vaginis tribus ad quatuor fuscis, oblongis, integris, involutum, supernè nudum, cylindricum, tenuissimè striatum, læve. SPICULÆ aggregato-capitatæ, capitulo altero subsessili, aliis pedicellatis. pedicellis inæqualibus, arcuatis, basi bracteis fulvis, ovatis, acutis, invo-lucratis; capitulis è spiculis sessilibus numerosis, imbricatis, compositis; SPICULÆ compressæ octo-duodecimfloræ; squamis distichè imbricatis, duobus inferioribus vacuis, superioribus floriferis, carinatis, lanceo-latis, acuminatis, glaberrimis, punctulatis. SETÆ hypogynæ nullæ. STA-MINA tria, filamentis membranaceis exsertis, post anthesim elongatis; antheris linearibus, basi fixis, apice connectivi conico superatis, bilocularibus, rimis duobus oppositis dehiscentibus, caducis. OVARIUM elliptico-oblongum, glabrum, membranaceum. STYLUS brevis, simplex, basi bulbosus, articulatus, deciduus. STIGMATA tria filiformia, elongata, simplicia, undique papillosa.

Loc. : L'île Sainte-Catherine, près de la côte méridionale du Brésil [1].

PLANCHE XXXII. *Abildgaardia polycephala* de grandeur naturelle. Fig. 1, épillet entier, grossi; fig. 2, une des écailles vue de côté; fig. 3, une fleur isolée, fig. 4, pollen; fig. 5, partie d'un stigmate; fig. 6, coupe de l'ovaire.

[1] Cette plante est maintenant cultivée au Jardin des plantes de Paris.

Obs. Quoique cette espèce diffère complétement par son port des autres espèces d'Abildgaardia, la structure des épillets à l'époque de la floraison est tellement la même, que je n'avais pas pu l'en distinguer génériquement; mais depuis que la planche relative à cette plante a été publiée, M. Gaudichaud a rapporté de nouveaux échantillons de cette espèce en fruit, venant de la province de Rio-Grande, sur lesquels on observe un caractère qui leur donne un aspect fort particulier, analogue à celui des *Eriophorum*, dont ces plantes ont un peu le port; c'est l'alongement considérable des filets des étamines, qui, par leur nombre considérable, leur blancheur et leur longueur, ressemblent à des poils sortant des écailles des épillets, et qui accompagnent les fruits lorsqu'ils tombent à leur maturité. Ce caractère, joint à un port si différent de celui des Abildgaardia, me paraît suffisant pour former de cette plante un genre particulier que j'ai indiqué ici, comme section, sous le nom d'*Androtrichum*. Une autre plante de la même contrée, faisant également partie de ces collections, offre aussi ce même caractère, mais le style est continu avec le sommet de l'ovaire, comme dans les Cyperus, dont cette plante a l'inflorescence. Ces deux plantes diffèrent donc entre elles comme les Abildgaardia et les Cyperus.

MARISCUS.

Spiculæ bi-trifloræ, teretiusculæ, squamis distichis, duobus vel tribus inferioribus vacuis brevioribus. Setæ hypogynæ nullæ. Stylus filiformis, ovario continuus, deciduus vel persistens. Stigmata tria filiformia. Akenium trigonum.

1. MARISCUS APPENDICULATUS, Pl. XXXVII.

M. foliis linearibus, carinatis, margine scabris; spicis ellipticis, sessilibus vel brevissime pedunculatis, involucro 5-8 phyllo longissimo, reflexo; bracteis ad basim spicularum brevibus acutis; spiculis ovato-lanceolatis compressis, rachi alis membranaceis, flores amplexantibus, appendiculato, squamis oblongis, acutis, nervosis; akeniis trigonis, tenuissimè tuberculatis.

Culmus basi tantum foliosus, erectus, acutè trigonus, lævis, subpedalis. Folia rigida, linearia, carinata, cariciformia, marginibus et nervo medio scabra. Involucrum e foliis quinque ad octo compositum, spicis longioribus, reflexis, inæqualibus, tribus vel quatuor longissimis, culmum subæquantibus, foliis radicalibus omnino similibus. Spicæ ellipticæ, semi-pollicares, quoad numerum variæ, sessiles vel pedunculis brevibus suffultæ, congestæ. Spiculæ rachi perpendiculares, vel apicem versus spectantes, bracteis brevibus lanceolatis acutis basi stipatæ, ovato-lanceolatæ, compressæ. Squamæ duæ, inferiores breviores vacuæ, superiores 4-5 fertiles, oblongo-lanceolatæ carinatæ acutæ, nervosæ, glabræ; rachis ad angulos membranis tenuissimis appendiculatus, flores amplexantibus. Setæ nullæ. Stamina tria, filamentis tantum persistentibus. Ovarium obovato-trigonum. Stylus continuus filiformis. Stigmata tria filiformia. Akenium obovatum trigonum, stylo superatum, læve, tenuissimè granulosum.

Loc. : L'île de l'Ascension.

Planche XXXVII. A. Plante de grandeur naturelle. Fig. 1, épillet entier; fig. 2, une écaille enveloppant une fleur et la partie du rachis qui la supporte avec ses deux appendices membraneux; fig. 3, akène surmonté du style et des stigmates persistants.

Obs. Les deux appendices qui bordent le rachis dans cette espèce et dont on voit quelques traces dans d'autres plantes, soit de ce genre, soit d'autres genres voisins, sont considérés par M. Presl et par quelques autres botanistes modernes comme une seconde glume, opposée à celle qui couvre extérieurement

la fleur, et complétemeut adhérente au rachis; la forme et la
disposition de cette membrane me parait peu favorable à cette
hypothèse, car elle n'existe que latéralement, et ne se prolonge
pas au-delà de l'attache de l'écaille placée au-dessus; elle n'existe
pas dans les autres espèces de Mariscus que j'ai examinées com-
parativement avec celle-ci; tandis que, si c'était réellement une
écaille interne, ce caractère important devrait être constant.

2. MARISCUS MACROPHYLLUS. Pl. XXXIII.

M. foliis radicalibus involucralibusque linearibus, latis, sub-
planis, lævibus, culmo longioribus; involucris subdecaphyllis;
spicis ovato-subglobosis, densis, umbellatis, pedunculis valdè
inæqualibus, ex axillis foliorum involucri solitariè nascentibus,
basi vaginatis, cylindricis; spiculis oblongis, compressis, rachi
perpendicularibus, densissimis, subtrifloris, bracteis subulatis
brevioribus stipatis, squamis lanceolatis, carinatis, apice mucronatis.

Rhizoma breve crassum suberectum, vaginis foliorum delapsorum fibril-
losum, radicellas undique emittens. Culmus erectus, sesqui vel subbipedalis, crassus, acute trigonus, striatus. Folia omnia e basi culmi nascentia,
vaginantia, basi carinata, superiùs subplana, semi-pollice lata, lævia,
culmo longiora. Involucrum e foliis octo ad decem, planiusculis longissimis, inæqualibus, maximis, latitudinè folia radicalia superantibus, valdè
striatis, compositum. Pedunculi inæquales, umbellati, ex axillis cujusque
folii involucri nascentibus, longiores ex axillis inferioribus exeuntes,
quinque-pollicares, superiores sensim decrescentes et denique vix bipollicares. Spicæ ovato-subglobosæ compactæ, rachi pedunculo paulo crassiori,
cicatricibus spicularum areolato, bracteis spiculis brevioribus subulatis.
Spiculæ densæ, oblongæ, compressæ, obtusæ, subtrifloræ, squamis lanceolatis, carinatis, lævibus, apice obtusè mucronatis, inferiore breviore et
tenuiore vacua, rachi nudo nec membranâ marginato. Stamina tria, antheris linearibus. Ovarium oblongum acuminatum, in stylo filiformi brevi
attenuatum. Stigmata tria filiformia divergentia.

Loc.: Borabora, l'une des îles de la Société.

Planche **XXXIII.** *Mariscus macrophyllus*, de grandeur naturelle. Fig. 1, épillet entier, grossi; fig. 2, une des écailles; fig. 3, fleur complète sortie des écailles qui la recouvrent.

SCIRPÉES, *SCIRPEÆ.*

ISOLEPIS.

Spicula multifloræ, squamis undique imbricatis, conformibus, omnibus floriferis inferioribusve paucissimis vacuis. Setæ hypogynæ nullæ. Stylus ovario continuus deciduus bi-tripartitus. Stigmata duo vel tria filiformia. Akenium compressum vel trigonum.

1. ISOLEPIS BREVIS.

J. culmis setaceis, pollicaribus, fasciculatis, unifoliatis, basi vaginatis, laminà folii filiformi superatis; spiculà solitarià ovatá, terminali, involucro monophyllo subulato vix spiculam superante, squamis ovatis acutiusculis.

Scirpus brevis d'Urv. *Flor. des Malouines*, p. 29.

Culmi cœspitosi, aciculares, vix pollicares, basi vaginati. Folia linearisetacea, acutiuscula, laminà culmum superante, vaginà culmi dimidiam partem involvente. Spicula ovata, solitaria, terminalis, bracteà vel involucro monophyllo basi stipata, culmo subcontinuà ejusque apicem simulante (undè spicula lateralis videtur), subulatà, basi dilatatà membranaceâ, spiculà longiore; squamis paucis, quinque ad sex, undique imbri-

catis, omnibus floriferis, ovatis, scariosis, nervosis, carinatis, carinâ crassiori subcartilagineâ in mucrone brevi desinente. Setæ nullæ. Stamina
tria, filamentis persistentibus. Ovarium ovatum læve. Stylus basi simplex,
supernè bi vel trifidus, ramis apice stigmaticis.

Loc. : Les îles Malouines.

FIMBRISTYLIS.

Spiculæ multifloræ, squamis undique imbricatis
conformibus, omnibus floriferis, paucissimisve inferioribus vacuis. Setæ hypogynæ nullæ. Stylus compressus brevis, sæpius ciliatus, basi incrassatâ cum ovario
articulatus, deciduus. Stigmata duo, rarissime tria,
elongata. Akenium compressum rariusve trigonum.

1. FIMBRISTYLIS MELANOSTACHYS.

F. culmis lævibus, aphyllis, cœspitosis, vaginatis, vaginâ
obliquè truncatâ integrâ; spiculâ ovato-lanceolatâ, terminali,
solitariâ, bracteâ brevi ovatâ stipatâ; squamis planis ovato-oblongis, obtusis, castaneis, nervo medio viridi.

Scirpus melanostachys d'Urv. *Flor. des Malouines*, p. 29.

Culmi cœspitosi, bi-sexpollicares, stricti, aphylli, cylindrici, læves, basi
vaginati. Vaginæ duplices : inferior fusca, scariosa, brevis, semipollicaris;
superior longior, herbacea, lævis, oblique truncata, integerrima. Spicula
terminalis, ovato-lanceolata, tres lineas longa, basi bracteâ brevi ovatâ
viridi stipata. Squamæ undique imbricatæ, arctè adpressæ, ovato-oblongæ,
obtusæ, castaneæ (fusco rubescentes), medio lineâ viridi notatæ. Setæ nullæ.

Stamina tria, antheris linearibus. Ovarium ovatum, læve. Stylus brevis glaber. Stigmata duo linearia, elongata, compressa, marginibus papillosis subplumosis.

Species pluribus notis affinis videtur *Fimbristyli sulcatæ* Diet. spec. pl. 11, p. 134 (*Scirpus sulcatus* Roth.) e Brasilia, sed differt caulibus lævibus nec sulcatis, vaginâ integrâ nec dentatâ, squamis planis nec carinatis.

Loc. : Les îles Malouines.

JONCÉES, *JUNCEAE.*

XEROTES. R. Bʀ.

1. XEROTES FILAMENTOSA. Pl. XXXV.

X. dioica, floribus masculis capitatis, capitulis ovato-subglobosis superpositis distantibus; bracteis numerosis, cuneatis multi-
partitis fimbriatis, scariosis, albidis, floribus interpositis; foliis
linearibus angustis, rigidis, superne subconcavis, margine filamentosis, culmum compressum longè superantibus.

Xerotes filamentosa Cunningh. Mss. (In herb. Urvillii).

Culmus semipedalis vel paulo ultrà, basi tantum foliosus, compressus,
sparsè pilis filamentosis quibusdam præditus, supernè nudus, scapiformis.
Folia culmo duplo longiora, ex infimâ parte culmi nascentia, linearia, rigida,
contorta, acuta, basi vaginantia, vaginâ laceratâ, supernè concaviuscula,
striata, margine distantè (Yuccarum modo) filamentosa. Flores masculi,
in capitulis duobus subglobosis densis, magnitudine Cerasi, densè agregati,
altero inferiore culmum involvente, altero superiore terminali, a priore distante; squamæ floribus interpositæ numerosissimæ cuneatæ, magis minusve latæ, profundè partitæ, laciniis linearibus fibrillosis. Pedicelli breves
tenerrimi. Calyx trisepalus, sepalis ovatis concavis albis membranaceis
enervibus, apice sæpius eroso denticulatis, basi inter se et corollæ connatis.
Corolla tubulosa, tubo calyci inferiùs adnato infundibuliformi, limbo tripartito, laciniis sepalis alternis ovatis enervibus membranaceis. Stamina
sex fauci corollæ inserta, tria breviora sepalis, tria longiora petalis opposita, filamentis lineari-subulatis, antheris ovato-subglobosis bilobis, lobis
parallelis ovatis, rimâ longitudinali dehiscentibus. Ovarii rudimentum
minimum ovatum, stylo brevissimo superatum.

Loc. : les lieux arides à l'ouest de la ville de Bathurst (CUNNING-HAM) et les environs du Port–Jackson à la Nouvelle-Hollande (GAUDICHAUD).

PLANCHE **XXXV**. Plante de grandeur naturelle. Fig. 1, disposition des organes floraux dans la préfloraison ; fig. 2, bouton ; fig. 3, fleur épanouie ; fig. 4, corolle fendue ; fig. 5, étamine ; fig. 6, une des écailles du réceptacle.

Obs. Cette espèce paraît très-voisine du *Xerotes leucocephala* R. Br. Prod. p. 260 ; outre le caractère fourni par les feuilles, dont les bords sont très-filamenteux, elle diffère par ses capitules, qui paraisssent constamment geminées, et par la forme remarquable des écailles qui séparent les fleurs. Enfin elle est d'une autre région de la Nouvelle-Hollande.

Cette plante, qui a été donnée sous ce nom à M. d'Urville par M. Cunningham, se trouvait déja parmi les plantes rapportées par M. Gaudichaud.

BROMELIACÉES, *BROMELIACEAE.*

TILLANDSIA. L.

1. TILLANDSIA BICOLOR. Pl. XXXVI.

T. foliis lanceolato-subulatis erectis, inferioribus recurvis,
supernè canaliculatis, crassis, lævibus, scapo brevioribus; floribus spicatis, erectis, sessilibus, solitariis, cæruleis, bracteas
ovatas ventricosas, acuminato-mucronatas, coccineas, superantibus.

Radices fasciculatæ, cylindricæ, ramos arborum involventes. Caulis
magis minusve elongatus flexuosus, quandoque furcatus, inferiùs denu-
datus. Folia numerosa undique patentia, inferioribus recurvis, superioribus erectis, basi lata amplexicaulia, sensim attenuata, apice subulata,
subcarnosa, inferiùs convexa, superiùs concava, glabra, lævia nec lepidota.
Scapus foliis paulò longior, squamis obovatis amplexicaulibus apice subulato incurvis, coccineis, undique vestitus. Spica pauciflora; floribus erectis, bracteis ovato-mucronatis, calice longioribus, coccineis, tectis. Calix
trisepalus, sepalis lanceolatis. Corolla, petalis tribus unguiculatis, azureis
unguibus latis, inter se levissimè coherentibus, limbo ovato patente. Stamina sex subæqualia; filamentis linearibus planis membranaceis, medio
replicatis, basi petalorum unguibus subadnatis; antheris linearibus, bilocularibus erectis, basi apici filamenti affixis. Ovarium liberum, ovatum, læve,
triloculare, loculis polyspermis, ovulis biseriatim angulo interiori affixis,
oblongis. Stylus cylindricus, filiformis simplex. Stigma parvum trilobum.
Fructus : capsula oblonga trigona, lævis, basi styli rostrata, trilocularis,
loculicido trivalvis, polysperma, seminibus erectis, margini interiori septi
affixis, lineari-clavatis, e basi papposis; pappus strato exteriori testæ la-
cerato efformatus, filamentis simplicibus denticulatis; testa elongata cylin-

drica tubulosa, in apice paululùm inflato, nucleum, membranâ interiori liberà apiceque perforatâ inclusum, chalazæ suspensum continens: nucleus ovato-oblongus, membranà tenui, apice chalazæ opposito mamillo supe-ratus; perispermium farinaceum, partem superiorem nuclei occupans; embryo obconicus supernè truncatus, dimidiam partem inferiorem om-ninò replens.

Loc. : sur les branches des arbres à l'île Sainte-Catherine.

Planche XXXVI. *Tillandsia bicolor*, en fleur, de grandeur naturelle; la hampe, les écailles qui la couvrent et les bractées, sont d'un rouge vif, les fleurs d'un beau bleu. Fig. 1, un des pétales avec les étamines qui l'accompagnent; fig. 2, une éta-mine; fig. 3, pistil; fig. 4, coupe de l'ovaire; fig. 5, un ovule après la floraison; fig. 6, fruit mûr grossi, provenant d'un individu différent; fig. 7, une graine entière très-grossie; fig. 8, sa partie supérieure dont on a coupé le testa et la membrane interne pour montrer leur indépendance complète ainsi que celle du nucleus, excepté à la chalaze: *a*, partie supérieure du testa; *b*, membrane interne; *c*, nucleus; *d*, chalaze; fig. 9, coupe longitudinale du nucleus; *a*, extrémité fixée à la chalaze; *b*, mamelon qui termine l'extrémité libre; *c*, périsperme; *d*, embryon.

Obs. Cette espèce a beaucoup de rapports avec les *Tillandsia stricta* et *rosea*, également du Brésil, figurées dans les recueils des jardins anglais; elle diffère de toutes les deux par ses feuilles, qui ne présentent aucune trace de ces petites écailles furfu-racées qui couvrent les feuilles de ces deux plantes, écailles qui se conservent parfaitement sur le sec, comme on le voit sur l'espèce suivante. Le *Tillandsia stricta* (Bot. Mag. 1529—Bot. Reg. 1338) s'en distingue en outre par ses bractées, qui sont aussi longues que les fleurs; et le *Tillandsia rosea* (Bot. Reg. 1357) par ses feuilles, qui ne sont pas subulées à leur extrémité, et par ses bractées, qui sont plus obtuses et d'un rose pâle.

2. TILLANDSIA GEMINIFLORA.

T. foliis lanceolato-subulatis, basi dilatatis, supernè concavis, undique lepidoto-pruinosis; floribus numerosis, densè spicatis

pedicellatis, in pedicellis geminatis; bracteis caulinis ovatis concavis, inferioribus apice longe subulatis, calycibusque lepidotis;
petalis obtusis, pallide rubris.

Radices numerosæ, fasciculatæ, flexuosæ, ramis arborum innatæ. Caulis
brevis, supernè in scapo florifero elongatus. Folia lanceolato-subulata, apice
attenuata subfiliformia, basi lata inserta, crassiuscula, læte virentia, inferius
convexa, superne concava, utroque latere squamulis squariosis imbricatis
tecta, furfuracea. Scapus squamis ovatis, concavis, longe acuminato-subulatis,
densè lepidotis, instructus. Spica terminalis multiflora, densa, ovata; floribus
ad apicem ejusdem pedicelli geminatis, bracteâ magnâ communi ovatâ mucronatâ, bracteisque propriis lanceolatis tectis; pedicello florem subæquante.
Calyx trisepalus, sepalis lanceolatis uninerviis, externè furfuraceis, duobus
exterioribus, axi adpressis, basi unitis, interiore opposito libero carinato.
Corolla tripetala, petalis unguiculatis, pallidè rubris, unguibus planis latis
inter se subcohærentibus, limbo oblongo-spathulato obtuso, nervis numerosis sinuosis evanescentibus. Stamina sex, filamentis membranaceis filiformibus, petalis levissimè adnatis, supernè liberis, medio replicatis;
antheris æqualibus oblongo-linearibus, polline cohærentibus in massam
unicam ovatam stigmata involventem. Ovarium elliptico-trigonum, triloculare, polyspermum, ovulis angulo centrali affixis. Stylus basi simplex,
supernè trifidus, filiformis. Stigmata tria ad apices ramorum styli.

Loc.: L'île Sainte-Catherine, où on le trouve fréquemment
sur les arbres, et où il est appelé vulgairement *Palmeira*,
d'après les notes de M. Lesson.

Obs. Cette espèce, par la forme de ses feuilles et par leur
surface couverte de petites écailles furfuracées, a les plus grands
rapports avec le *Tillandsia stricta* déja cité à l'occasion de l'espèce précédente; mais elle en diffère par ses fleurs d'un rouge
pâle qui sont pédicellées et géminées, tandis que dans le *Tillandsia stricta* les fleurs, d'un bleu foncé, sont sessiles et solitaires,
et par ses bractées et son calice, également furfuracés et rou-
geâtres, parties qui, dans le *Tillandsia stricta*, sont d'un rouge
vif, et paraissent lisses.

ORCHIDÉES, *ORCHIDEAE.*

CALOPOGON. R. Br.

1. CALOPOGON LESSONII, Pl. XXXVII, A.

C. caule unifloro; foliis oppositis vel ternatim verticillatis, ovatis; sepalis lævibus ovato-lanceolatis, labello unguiculato, medio tuberculis seriatis ornato.

Epipactis Lessonii, d'Urv. Fl. des Malouines, p. 36.

Planta glaberrima. Caulis simplex erectus gracilis, pennæ corvinæ crassitie, basi vaginis duobus scariosis distantibus involutus, 4-6 pollicaris in speciminibus maclovianis, subpedalis in speciminibus magellanicis. Folia duo vel tria, medio cauli inserta, conferta, subopposita, sed basi vaginantia, inferioreque altera involvente, limbo ovato obtuso, basi abruptè attenuato in petiolum brevem, inferiùs in vaginam scariosam expansum. Flos terminalis, basi, sub ovario, bracteâ scariosâ ovatâ, labello oppositâ, munitus. Ovarium obovatum, læve, non contortum. Sepala tria, æqualia, libera, ovato-lanceolata, acuta, membranacea, albida. Petala lateralia ovata, obtusinscula, erecta, purpureo maculata. Labellum unguiculatum, pallidè roseum, limbo membranaceo integro ovato, apice lingulato, basi, parte mediâ disci et apice contracto labelli, tuberculis sphæricis viridibus biseriatis ornatis. Gynostemium erectum, liberum, compressum, margine angustè alatum. Stigma oblongum, prominens, partem anteriorem gynostemii fere totam tegens. Anthera erecta bilocularis, loculis confluentibus, septo simplice tantum distinctis. Pollen granulosum, granis liberis, simplicibus, ovatis, latere sulcatis vel depressis.

Loc. : Iles Malouines (Lesson et d'Urville); et détroit de Magellan (Commerson, *in herb. Mus. Paris.*)

Planche XXXVII. A. Calopogon Lessonii de grandeur naturelle, d'après un
échantillon des îles Malouines. Fig. 1, fleur entière vue de côté, avec la bractée qui
l'accompagne, grossie; fig. 2, labelle vu par sa face supérieure; fig. 3, gynostème
vu de côté; fig. 4, le même vu de face.

Obs. Cette plante a été figurée d'après un échantillon
que je devais à M. Lesson, et d'après un dessin que ce savant
zoologiste avait fait sur les lieux; depuis, j'ai retrouvé dans l'herbier du Muséum des échantillons assez nombreux, généralement plus grands, recueillis par Commerson dans le détroit de
Magellan.

CHLORÆA.

Chloræa et Asarca. Lindl. in Quart. Journ. 1827.

1. CHLORÆA GAUDICHAUDII, Pl. XLIV, A.

Chl. caule folioso, foliis lanceolatis acutis erectis; floribus
spicatis, bracteis magnis, ovato-lanceolatis margine scariosis,
ovario longioribus, involutis; sepalis æqualibus, usque ad apicem
membranaceis, ovato-lanceolatis; petalis subæqualibus obtusis;
labello petalis breviore subtrilobo, lobis lateralibus abbreviatis
margine fimbriatis, laciniis ad apicem incrassatis, lobo medio
linguæformi parteque mediâ disci carunculis cuneiformibus
elongatis densè tectis, gynostemio labellum subæquante, apice
dilatato alato.

Arethusa lutea Gaud. in Ann. sc. nat., tom. V, p. 101.
D'Urv., Fl. des Malouines, p. 35 (*non Serapias lutea?* Pers.)

Satyrion, Pernetty, tom. 11. p. 54.

Radix e tuberculis cylindricis fasciculatis. Caulis simplex, erectus, 6-10 pollicaris, undique usque sub flores foliis tectus. Folia erecta, numerosa, subimbricata, multinervia, lanceolata, acuta. Flores spicati, sessiles, bracteis magnis, ovato-lanceolatis, acutis, viridibus, margine scariosis, ovario longioribus, tecti. Sepala æqualia, conformia, viridia, ovato-lanceolata, lateralibus usque ad apicem membranaceis nervosis. Petala lateralia paululùm breviora, tenuiora, membranacea, margine subconvoluta, nervosa, albida, extus viridi maculata. Labellum petalis brevius, unguiculatum, erectum, subtrilobum, lobis lateralibus abbreviatis margine fimbriatis, lobulis truncatis, ad apicem incrassatis carnosis, lobo medio oblongo mediaque parte disci carunculis compressis cuneatis, apice carnosis, ad nervulos densissimè tectis. Gynostemium erectum, labello subæquale vel paulò breviùs, compressum, apice membranis lateralibus alatum. Stigma scutiforme, prominens, viscidum, superiùs dentibus vel glandulis duobus approximatis præditum. Anthera erecta, dorso membranæ columnæ affixa, mamillo obtuso superata, ovata, bilocularis, loculis discretis rimâ longitudinali dehiscentibus, endothecio cellulis fibrosis subquadratis formato. Pollen e granulis liberis globosis simplicibus vel sæpiùs geminis ternis seu quaternis compositum.

Loc.: Fréquent aux îles Malouines (Gaudichaud, d'Urville, Lesson).

Planche XLIV. A. *Chloræa Gaudichaudii*, de grandeur naturelle, d'après un dessin de M. Lesson et des échantillons incomplets de M. Gaudichaud, cette plante manquant dans l'herbier de M. d'Urville. Fig. 1, fleur grossie; fig. 2, labelle vu par sa face interne; fig. 3, quelques-unes des caroncules qui couvrent le labelle; fig. 4, gynostème: *a* stigmate, *b* ailes membraneuses, *c* anthère; fig. 5, pollen;

Obs. Cette plante avait été considérée par M. Gaudichaud, et plus tard, par M. d'Urville, comme la même que celle rapportée du détroit de Magellan par Commerson, et désignée par Per-

soon sous le nom de *Serapias lutea ;* mais l'examen des échantillons mêmes recueillis par ce savant voyageur, conservés dans
l'herbier du Muséum et dans celui de M. de Jussieu, échantillons dont l'étiquette porte une courte description d'où est ex-
traite la phrase caractéristique de Persoon, prouve que ces
deux plantes, quoique du même genre, constituent deux espèces très-différentes l'une de l'autre, ainsi que de celles déja
observées au Chili; je désignerai celle des terres Magellaniques
par le nom de *Commersonii,* le nom de *lutea* s'appliquant à la
plupart des espèces de Chloræa et étant une répétition du nom
générique. Le même voyageur a encore recueilli dans les mêmes
parages une autre espèce de Chloræa bien distincte de ces deux
espèces ; mais il n'en existe qu'un seul échantillon dans l'herbier du Muséum, et quoiqu'elle me paraisse différente de celles
du Chili que j'ai pu examiner, je n'oserais pas affirmer qu'elle
ne pût rentrer dans une de celles brièvement décrites par
M. Lindley. Quant au *Chloræa Commersonii,* j'en ai joint ici la
description et la figure pour bien montrer les caractères qui
le distinguent du *Chloræa Gaudichaudii.*

2. CHLORÆA COMMERSONII, Pl. XLIV, B.

Chl. caule folioso, foliis inferioribus oblongo-lanceolatis,
obtusis, superioribus acutioribus caule adpressis; floribus dense
spicatis, bracteis lanceolato-subulatis angustis, ovarium subæquantibus, sepalis lanceolatis acutis, inferioribus longioribus
apice subulatis carnosis; petalis brevioribus obtusis; labello
petalis duplo breviore, trilobo, lobis lateralibus rotundatis
integris, medio ovato carunculis densissimè tecto; gynostemio
brevissimo alato.

Serapias lutea. Pers. *Syn.* II, p. 513.
*Serapias foliis multinerviis, floribus spicatis, erectis, luteis, ina-
pertis.* Commerson, *Mss. in herb. Mus. Paris.*

Radix tuberculis elongatis, fasciculatis (ut in Asphodelis *Commers.*). Caulis simplex, erectus, pedalis vel sesquipedalis, basi densè, supernè distante foliosus. Folia inferiora oblongo-lanceolata, obtusa, multinervia, subpatentia, superiora breviora, acuta, vaginantia, laminâ convolutâ caulem involvente. Flores densè spicati (semper ex Commerson inaperti), lutei, erecti. Spica brevis, bracteis lanceolato-subulatis, acutis, ovarium subæquantibus. Ovarium angustum, elongatum. Sepala inæqualia, membranacea : medium lanceolatum acutum; lateralia longiora, et angustiora, lanceolata acuminata, apice carnoso. Petala ovata, obtusa, sepalo medio breviora. Labellum inclusum, petalis subduplò brevius, trilobum, brevè unguiculatum, lobis lateralibus rotundatis, integerrimis, membranaceis, nudis, lobo medio ovato carunculis clavatis densissimè tecto, subcarnoso. Gynostemium brevissimum, cum antherâ petalis triplò brevius, alatum. Stigma disciforme, transversè latius. Anthera ovata, erecta, biloba, lobis discretis, rimâ longitudinali dehiscentibus.

Loc. : Les forêts du détroit de Magellan, près de la baie Bougainville et de la baie Française (Commerson).

Planche XLIV. B. *Chlorœa Commersonii* de grandeur naturelle, d'après un des échantillons de Commerson. Fig. 1, sépale moyen; fig. 2, un des sépales latéraux; fig. 3, labelle; fig. 4, gynostème vu de face: *a*, stigmate, *b*, aile membraneuse, *c*, anthère.

DECAISNEA.

Sepala, Petala et Labellum subæqualia inter se inferiùs connata in perianthium monophyllum, ad basim labelli gibbosum. Labelllum posticum integrum concavum. Ovarium non contortum. Gynostemium breve compressum, dorso membranis duobus erectis ovatis superatum. Stigma minimum subrotundum, concavum. Anthera terminalis operculiformis, bilocularis, loculis ovatis discretis, membranaceis. Pollinia duo integra, pyriformia, pulveracea, apice attenuato vertici columnæ agglutinata.

Genus dicavi amico Josepho Decaisne, plantarum scrutatori ingenioso, jam pluribus dissertationibus et iconibus elegantissimis necnon florulâ Timoriensi mox evulgandâ botanicis cognito.

1. DECAISNEA DENSIFLORA, Pl. XXXIX.

Planta terrestris. Radix e fibris clavatis, brevibus, fasciculatis, superficie villosa. Caulis erectus, simplex, glaber, semipedalis vel vix pedalis, striatus. Folia infima squamiformia, brevissima, scariosa; inferiora, e basi caulis nascentia, ovata vel subrotunda in petiolo brevi vaginante angustata, super terram expansa, plana, membranacea, nervis parallelis subundecim tenuissimis; superiora abortiva, squamæformia, lanceolata vel subulata, basi vaginantia. Spica cylindrica, basi interrupta, supernè densa, acuta; floribus sessilibus parvis valdè approximatis, erectis; bracteis ovatis, acuminatis, flores æquantibus. Ovarium ellipsoideum, læve, sexnervium, non contortum. Sepala inter se et cum petalis basi coalita, obliquè summo ovario inserta, ovata, obtusa, duobus lateralibus labello suppositis, infernè concavis, gibbumque ovario accretum efformantibus. Petala sepalis longitudine æqualia, angustiora. Labellum ungue sepalis lateralibus connato, limbo membranaceo, subrotundo, concavo, integro, vel margine denticulato. Gynostemium breve, sepalo medio posticè connatum, anticè areolâ glutinosâ stigmaticâ notatum, superiùs emarginatum, et lateribus posticis membranis duobus ovatis, erectis, auriculæformibus superatum. Anthera sessilis operculæformis, subrotunda, superiùs convexa, bilocularis, loculis membranaceis discretis. Pollen granulosum, massam unicam, integram, in quolibet loculo efformans, ad apicem gynostemii substantiâ viscidâ agglutinatam nec glandulâ ullâ coalitam.

Loc. : L'île Sainte-Catherine au Brésil.

Planche XXXIX. *Decaisnea densiflora*, de grandeur naturelle. Fig. 1, fleur entière vue de côté; fig. 2, labelle et un des sépales latéraux; fig. 3, gynostème vu de côté; fig. 4, le même vu de face; fig. 5, anthère; fig. 6, masses polliniques.

Obs. Ce genre me paraît avoir surtout de l'affinité avec le genre Microtis de R. Brown (*Prodr.,* p. 320); mais il en diffère par les sépales soudés entre eux et avec les pétales et le labelle, et par la forme de cette dernière partie, ainsi que de la colonne anthérifère. Cette plante semble donc former un genre bien distinct dans la tribu des Aréthusées.

PLATANTHERA. Rich.

1. PLATANTHERA RUMPHII. Pl. XXXVIII, A.

Pl. foliis erectis, inferioribus lineari-lanceolatis, superioribus subulatis; spicâ densâ, bracteis subulato-setaceis, floribus sub-duplò longioribus; petalis integris, lanceolatis, falcatis; labello trilobo, lobis lateralibus basilaribus incurvis, intermedio lineari, calcarem lineari-clavatum ovario duplò breviorem æquante.

Orchis Amboinica minor. Rumph. *Amb.* VI. p. 118. tab. 54, fig. 2.

Radix tuberculis duobus oblongis, radicellis quibusdam filiformibus infrapositis (ex Icone Rumphii). Caulis subpedalis, lævis. Folia sensim decrescentia, erecta, cauli subadpressa, inferioribus duobus tribusve lanceolatis acutis, superioribus lineari lanceolatis, supremisque subulatis acuminatis subfiliformibus. Spica oblonga, densa, floribus erectis, rachi subadpressis, bracteis subulatis, apice setaceis, floribus plerumque duplò longioribus. Ovarium strictum, trigono-fusiforme, elongatum. Sepala patentia, lanceolata, lateralibus incurvis. Petala paululùm breviora, lanceolata, integra, falcata. Labellum trilobum, lobis linearibus, lateralibus e basi nascentibus, angustissimis arcuatis, ascendentibus, medio longiore plano lineari obtuso, ovario duplò breviore; calcare basi cylindrico angusto, apice inflato clavato, labellum æquante. Gynostemium brevissimum, stigmate hippocrepico; antherâ obtusâ, lobis discretis, basi divergentibus.

Loc. : L'île d'Amboine (Rumphius; d'Urville).

2. PLATANTHERA FOLIOSA. Pl. XXXVIII. B.

Pl. caule a basi ad apicem folioso, foliis oblongo-lanceolatis, planis; spicà oblongâ, floribus distantibus erectis, bracteas lanceolatas subæquantibus; petalis bipartitis, lobo anteriori angustiori; labello tripartito, laciniis linearibus inæqualibus; calcare lineari-clavato, ovario breviore.

Radices fusiformes graciles fasciculatæ. Caulis subpedalis, basi quibusdam vaginis squariosis involutus, e basi ad apicem æquè foliosus, foliis vix decrescentibus. Folia æquè distantia, basi vaginantia, erecta, oblongo-lanceolata, vix tripollicaria, 4-lineas lata, acuta, subtrinervia. Spica oblonga laxa, pauciflora; bracteæ lanceolatæ acutæ, flores æquantes vel vix superantes. Ovarium fusiforme, basi angustatum, contortum. Sepala inæqualia, patentia, medio ovato concavo, lateralibus ovato-lanceolatis. Petala usque ad basim bipartita, lobis longitudine æqualibus, latitudine et formâ discrepantibus, superiore lanceolato, inferiore lineari. Labellum profundè tripartitum, lobis lateralibus linearibus planis deflexis, intermedio longiore lineari obtuso, calcare breviore; calcar lineari-clavatum, ovario brevius. Gynostemium brevissimum. Stigma bilobum. Anthera erecta, cuneata, emarginata, loculis supernè confluentibus, basi divergentibus arcuatis.

Loc. : Près de la ville du Callao, au Pérou, et dans les lieux humides des environs de Talcaguana, au Chili.

EPIDENDRUM. L.

1. EPIDENDRUM FULGENS, pl. XLIII.

E. caule simplici elongato, supernè aphyllo vaginato; foliis oblongo-lanceolatis obtusis carnosis; floribus spicatis approximatis, bracteis setaceis subimbricatis; sepalis obovato-lanceolatis acutis; petalis subconformibus obtusioribus; labello longè unguiculato, limbo trilobo, basi bicalloso, lobis lateralibus rotundatis denticulatis, intermedio multo minore cuneato, truncato, brevi, subemarginato.

Caulis bipedalis simplex erectus, pennæ anserinæ crassitie, basi foliosus, supernè vaginis arctè adpressis obliquè truncatis involutus. Folia disticha, basi vaginantia, limbo cum vagina articulato et in sicco facile deciduo, oblongo-lanceolato, obtuso, carnoso, atroviridi et lineâ purpureâ marginato (ex icone Cl. Lesson, ut omnia ad colorem spectantia). Spica brevis multibracteata, floribus plerisque vel caducis, vel nondùm perspicuis, unde pauciflora videtur, bracteis subulatis rubescentibus. Flores omnibus partibus, ovario, perianthio et labello purpureo-fulgentes, bipollicares (a basi ovarii ad apicem labelli). Ovarium clavatum læve. Sepala ovato-lanceolata acuta patentia. Petala longitudine subæqualia, obovata, tenuiora. Labellum ungue sepalis subæquali, angusto, columnæ accreto, limbo trilobo, lobis lateralibus semi-circularibus denticulato-erosis, lobo medio multo minore, brevissimo, cuneato, emarginato vel truncato, apice denticulato. Gynostemium totâ longitudine ungui labelli connatum. Anthera decidua.

Loc. : L'île Sainte-Catherine, sur la côte méridionale du Brésil, où on l'appelle vulgairement *Palma-de-mate* suivant M. Lesson.

Planche XLIII. *Epidendrum fulgens* de grandeur naturelle.

Obs. Cette espèce appartient au même groupe que l'*epiden-drum elongatum* si fréquent dans les serres; elle se rapproche surtout des *epidendrum cinnabarinum* de Salzmann, et *imato-phyllum* de Lindley (*Spec. Orch.*, p. 106.) La première en diffère par ses feuilles aiguës et recourbées, par ses sépales et ses pé-tales linéaires oblongs, par le lobe moyen du labelle presque égal aux lobes latéraux, alongé en forme de langue, et bifurqué au sommet. La seconde se distingue par ses feuilles ligulées et légèrement émarginées, par son labelle dont les lobes latéraux sont laciniés, et dont le lobe moyen est apiculé. D'après le des-sin fait sur les lieux par M. Lesson, cette plante, remarquable par ses fleurs, dont toutes les parties sont d'un rouge éclatant, pourrait devenir un des plus beaux ornements de nos serres.

OXYANTHERA.

Sepala æqualia, libera, erecta. Petala subæqualia, libera. Labellum erectum, sepalis subconforme, inte-grum, concavum. Gynostemium brevissimum, quadran-gulare, lateribus laminis membranaceis subquadratis erectis appendiculatis, superficie superiori concavà mucosà stigmaticà. Anthera erecta, labello parallela, lateri posteriori columnæ affixa, membranacea, basi contracta, supernè in acumine triangulari acuto pro-ducta, bilocularis, loculis discretis. Pollinia in quo-libet loculo tria, inæqualia (an quatuor, altero minimo?), supernè materià granulosà connata.

Genus habitu, inflorescentià, et formâ floris Malaxi-

DEAS præsertim OBERONIAS referens, structurâ antheræ et pollinis cum VANDEIS potius congruens, sed in specimini- bus adultioribus denuo examinandum, præcipuè quoad pollinis structuram ; certè tamen ab omnibus generibus huc usque confectis distinctum. GLOMERÆ (Blume Bijdr. 372. Lindl. gen. et sp. orch. 253) quibusdam caracteribus et habitu affine videtur, sed formâ et directione an- theræ diversissimum.

1. OXYANTHERA MICRANTHA. Pl. XXXVII. B.

PLANTA ut videtur super arbores crescens. RADICES fasciculatæ fili- formes. CAULIS brevissimus subnullus. FOLIA disticha, amplexicaulia, basi imbricata; vaginâ laxâ, patente, carinatâ, limbo sub conformi, sed trans- versè articulatâ; laminâ lineari-oblongâ, membranaceâ, nervis parallelis, medio plicatâ, facile in sicco decidente. FLORES spicati minimi, spicis e foliorum inferiorum axillâ nascentibus, scapo filiformi gracili folia æquante, squamis duobus distantibus prædito. Spica brevis, floribus ap- proximatis, erectis, imbricatis, sessilibus, bracteis ovatis acutis basi stipatis. OVARIUM obconicum, læve, non contortum. SEPALA æqualia, erecta, subconniventia, ovato-triangularia, acuta, florem regularem si- mulantia. PETALA sæpalis æqualia, angustiora, ovato-lanceolata. LABEL- LUM posticum, ovatum, basi constrictum, obtusum, membranaceo-spon- giosum, subtrinerve. GYNOSTEMIUM brevissimum, quadrangulare supernè truncatum, planum vel concaviusculum, mucosum, superficiem stigmati- cam efformans, ad latera laminis membranaceis, erectis, subquadratis, or- natum (staminodiis?), anticè (latere labello opposito) antheram subsessilem sustinens. ANTHERA erecta, membranacea, pedicello brevi compresso suf- fulta, supernè in acumine triangulari acuto desinens, loculis membra- naceis, discretis, parallelis, rimis longitudinalibus dehiscentibus. POLLINIA in quolibet loculo tria inæqualia (an quatuor altero minimo vix dis- tincto) ex parte superiori loculi subpendentia, ibique agglutinata materiâ granulosâ, in lineam opacam grumosam usque ad apicem antheræ desinente.

Loc. : Offack, dans l'île Waigiou.

Planche XXXVII. B. *Oxyanthera micrantha*, de grandeur naturelle. Fig. 1, fleur entière grossie; fig. 2, labelle; fig. 3, un des pétales; fig. 4, gynostème vu de face; fig. 5, le même vu de côté; fig. 6, masses polliniques, fig. 7, une des masses polliniques isolée.

OBERONIA. Lindl.

1. OBERONIA BREVIFOLIA. Pl. XL. B.

O. foliis brevibus ovatis, racemo stricto multifloro, labello obovato, basi cucullato, apice crenulato, bracteis ovali-lanceolatis ovarii longitudine, ovario trigono.

Oberonia brevifolia. Lindley, *Gen. et Spec. orchid.*, p. 16.
Epidendrum equitans. Forst. *Prodr.* N. 316.
Cymbidium equitans. Swartz. *Nov. act. Ups.*, VI. 72. Willd. *Spec.* V. p. 97. Petit-Thouars, *orch.* tab. 92.
Pleurothallis disticha. Ach. Rich. In *Mem. Soc. hist. nat.*, *Paris*, IV. p. 49, tab. 8. n. 1.

Radices fasciculatæ, subsimplices, filiformes, e basi caulis nascentes. Caulis brevis subbipollicaris, gracilis, ascendens, foliis tectus. Folia 6-8 disticha, carnosa, compressa, equitantia, ovato-lanceolata, acuta, vaginantia et dorso carinata decurrentia, lætè virentia. Flores spicati minimi, breve pedicellati; spicà terminali bipollicari filiformi, bracteis scariosis brevibus ovatis. Ovarium obovato-trigonum, costis sex longitudinalibus notatum, sepalis oppositis majoribus, non contortum. Sepala æqualia, ovata, acuta, patentia vel subreflexa. Petala longitudine subæqualia angustiora. Labellum membranaceum, concavum, obovato-cuneatum, apice denticulatum. Gynostemium brevissimum, cylindricum, truncatum, margine elevato tridentato, dentibus lateralibus brevibus nudis, dorsali stamen sustinente. Stigma: areola convexa, viscida, aurantiaca, in parte posteriore, labello proximâ, superficiei superioris gynostemii. ANTHERA membranacea, apice gynostemii incumbens, bilocularis, loculis discretis, pollinium unicum ellipticum liberum includentibus.

Loc.: L'île Borabora, sur les arbres.

PLANCHE XL. *Oberonia brevifolia*, de grandeur naturelle. Fig. 1, fleur déja très-avancée dans son développement, entière et grossie; fig. 2, labelle; fig. 3, gynostème vu latéralement; fig. 4, le même vu en dessus; fig. 5, anthère dont les masses polliniques sont tombées; fig. 6, les deux masses polliniques.

2. OBERONIA LINDLEYANA, pl. XL. A.

O. foliis approximatis, lineari-lanceolatis, carnosis, canaliculatis, recurvis, racemos axillares æquantibus; floribus erectis, ovario (fructuque) obovato lævi, petalis strictis, labello subobcordato.

RADICES fasciculatæ numerosæ, cylindricæ, subsimplices. CAULIS brevis crassus, undique vaginis foliorum tectus. FOLIA approximata, disticha, vaginantia, vaginis scariosis nervosis brevibus imbricatis, limbo basi articulato, carnoso, lineari-lanceolato, sursum canaliculato vel complicato, recurvo. SPICÆ axillares, duo vel tres in eodem caule, folia subæquantes, scapo filiformi, infernè nudo vel bracteis distantibus tecto, supernè paucifloro. FLORES subsessiles, bracteâ subulatâ scariosâ stipati, erecti, minimi, subregulares. OVARIUM obovatum, lævissimum. SEPALA æqualia, libera, erecta, subconniventia, ovata, acuminata, membranacea. PETALA lanceolata, longitudine sepalis æqualia, tenuiora, uninervia. LABELLUM obovatum, sessile, concavum, membranaceum, apice subemarginatum, convolutum, trinervium. GYNOSTEMIUM brevissimum, circulare, truncatum, margine ad latera elevato, processubus membranaceis duobus conicis instructo, supernè transversè laminâ erectâ partitum, parte anteriore superficiei superioris viscidâ depressâ stigmaticâ. ANTHERA pedicello filiformi seu filamento affixa, hemisphærica, inclinata, bilocularis. POLLINIA in quolibet loculo simplicia, ovata, nuda.

Loc.: Offack, dans l'île Waigiou; sur les arbres.

Planche XL. Fig. 1. A. *Oberonia Lindleyana*, de grandeur naturelle. Fleur entière grossie; fig. 2, un des sépales; fig. 3, un pétale; fig. 4, labelle; fig. 5, gynostème vu latéralement; fig. 6, le même vu de face, les masses polliniques étant tombées sur le stigmate.

Obs. Cette espèce a sans aucun doute beaucoup de rapport avec l'*Oberonia myosurus*, Lindl., *Epidendrum myosurus*, Forst., des mêmes contrées, qui s'en distingue cependant par ses fruits sexangulaires, tandis que dans l'espèce recueillie par M. d'Urville, les ovaires, même très-développés, sont parfaitement lisses. Je puis ajouter que M. Lindley, auquel j'ai communiqué la figure de cette plante, la considérait comme une espèce nouvelle, que je suis heureux de pouvoir lui consacrer.

CŒLOGYNE. Lindl.

1. COELOGYNE? TRIPTERA. Pl. XLII. A.

C. caule repente, squamoso; ramulis brevibus, erectis, crassis, bulbiformibus, apice diphyllis; foliis ovato-lanceolatis, coriaceis, nervosis; floribus solitariis, terminalibus, ovario trigono alato, sepalis petalisque subæqualibus, lanceolatis, acutis; labello breviori, vix unguiculato, lobis lateralibus expansis, gynostemium amplexantibus, medio brevissimo, dentiformi.

Caulis repens arboribus affixus, ramosus, radices cylindricas sinuosas undique emittens, squamosus, squamis scariosis, ovatis, acutis, caulem basimque ramorum involventibus; ramuli erecti, approximati, vix pollicares, basi squamis rhizomatis stipati, fusiformes, carnosi, pseudo-bulbos efformantes, apice folia duo subopposita sustinentes. Folia brevè vaginantia, limbo basi articulato, ovato vel oblongo-lanceolato, patente, coriaceo, multinervio, nervo medio duobusque vel tribus lateralibus magis notatis. Flores solitarii, rariusve geminati, brevè pedicellati,

terminales, pedicello basi squamoso. Ovarium oblongum, rectum, hexa-
gono-tripterum; angulis sepalis oppositis brevioribus planiusculis, alternis valde expansis membranaceis alæformibus. Sepala æqualia, usque
ad basim distincta, lanceolata, acuta. Petala vix breviora, lineari-lanceolata. Labellum brevius, inclusum, brevissime unguiculatum, erectum,
bilobum, lobo intermedio subnullo dentiformi, lobis lateralibus expansis,
subrotundis, gynostemium amplexantibus. Gynostemium brevissimum,
subtrigonum, facie labelli oppositâ planâ vel concaviusculâ, viscidâ,
stigmaticâ, superius bidentatâ, lateralibus supernè longioribus anthe-
ramque subæquantibus, angulo postico in processum antheriferum
desinente. Anthera operculæformis, coriacea, quadrilocularis. Pollinia
duo supernè profundè sulcata vel quatuor?

Loc. : L'île Sainte-Catherine, sur la côte méridionale du
Brésil.

Planche XLII A. Plante entière de grandeur naturelle. Fig. 1, fleur entière
très-grossie; fig. 2, labelle développé; fig. 3, gynostème vu de face et supportant
encore l'anthère; fig. 4, anthère détachée vue par sa face interne.

Obs. Cette plante me paraît distincte de toutes les espèces de
Coelogyne décrites par Lindley, et s'éloigner même en quelques
points des caractères assignés par ce savant botaniste au genre
Coelogyne, dont elle diffère encore par son origine américaine.

Par son ovaire et par quelques autres points de son organisation, elle convient au genre Coelia du même auteur; mais la
structure des anthères, caractère essentiel de ce genre, est très-
différente dans la plante qui nous occupe. Je crois donc devoir
la rapporter, quoique avec doute, au genre Coelogyne, dans
lequel elle constitue une espèce certainement nouvelle.

DENDROBIUM. Swartz.

1. DENDROBIUM FOLIOSUM. Pl. XLI.

D. caule tereti, recto, elongato, simplici; foliis distichis, patentibus, ovato-lanceolatis, acuminatis, coriaceis; floribus geminatis lateralibus, pedunculis squamosis, vaginas foliorum perforantibus foliisque brevioribus, sepalis incurvis, lateralibus in calcare conico, brevi, obtuso, connatis, labello integro, arcuato, sepalis duplo breviore, gynostemium æquante.

Caulis rectus, elongatus (subbipedalis) et gracilis (vix pennâ corvinâ crassior), a basi ad apicem foliosus. Folia approximata, disticha, patentia, vaginis arctè caulem involventibus, limbo basi articulato, ovato-lanceolato, acuminato, coriaceo, multinervio. Flores geminati rariusve terni, pedunculo communi brevi, squamis ovatis brevibus onusto, vaginam folii ad basim directè perforante, undè inflorescentia folio inferiori opposita videtur. Ovarium cylindricum, non contortum. Sepala inæqualia, posticum paulò longius lineare concavum, obtusum, lateralia basi connata in calcare brevi conico obtuso, supernè falcata, lanceolata, obtusa. Petala lateralia linearia, obtusa, sepalis breviora. Labellum sepalis duplò brevius, basi productæ columnæ insertum, erectum, externè arcuatum, undulatum, rigidum. Gynostemium semicylindricum, elongatum, labellum æquans, anticè canaliculatum, superius stigmate disciformi notatum. Anthera erecta cuculliformis bilocularis, loculis lineâ prominente semipartitis.

Loc. : Amboine, dans les Moluques.

Planche XLI. Fig. 1, fleur entière grossie, vue de profil; fig. 2, labelle séparé; fig. 3, anthère isolée; fig. 4, le gynostème portant encore l'anthère.

Obs. Cette espèce n'a d'analogie qu'avec le *Dendrobium biflorum* de Swartz ou *Epidendrum biflorum* de Forster, qui a le même mode d'inflorescence; mais ce dernier, dont il existe dans l'herbier du Muséum de Paris un échantillon envoyé par Forster, est très-différent spécifiquement par ses feuilles étroites, linéaires-lancéolées, et par ses sépales lancéolées, acuminées et terminées en une pointe filiforme.

APORUM. Blume.

1. APORUM INCRASSATUM. Pl. XLII. B.

A. foliis distichis, carnosis, scapelliformibus vel subovatis, compressis; pedunculis unifloris, e vaginis foliorum perforatis erumpentibus, limboque subæqualibus, bracteatis, bracteis lanceolatis, distantibus; sepalis inferioribus supremo petalisque longioribus, labello unguiculato, limbo indiviso, ovato, apice incrassato, linguæformi.

Aporum incrassatum? Blume, *Bijdr.,* p. 334. Lindl., *Gen. et Spec. Orch.,* p. 71.

Rhizoma in arboribus serpens, gracilis. Caules simplices, semipedales, infernè squamis vaginantibus, superius foliis distichis æquantibus tecti. Folia approximata, vaginantia, vaginâ nervosâ, limbo compresso, carnoso rigido, ovato-oblongo, obliquè patente acutiusculo. Pedunculi graciles, uniflori, e latere vaginarum perforato exeuntes, limbum foliorum subæquantes, bracteati, bracteis 3-5 membranaceis, lanceolatis vel ovato-lanceolatis, distantibus patentibusque. Flos solitarius ad apicem pedunculi, resupinatus. Sepala inæqualia, erecta; medium ovatum brevius, lateralia ovato-oblonga longiora, basi connata, et in calcare brevi conico producta. Petala ovato-lanceolata, sepalum medium æquantia. Labellum unguiculatum, ungue basi productæ Gynostemii affixo, limbo erecto, ovato, subrotundo, lævi, apice incrassato, in laminam oblongam carnosam linguæformem desinente. Gynostemium semicylindricum, membrana antice marginatum, basi productum et calcari interius adnatum. Anthera operculæformis, hemisphærica, denti dorsali Gynostemii affixa

bilocularis. Massæ pollinis duæ bilobæ. Stigma in medio partis ante-
rioris Gynostemii, subquadratum, depressum, viscosum. Ovarium læve
subcylindricum vel fusiforme.

Loc. : Amboine.

Planche XLII B. *Aporum incrassatum* de grandeur naturelle. Fig. 1, une
fleur entière grossie, accompagnée des deux bractées supérieures; fig. 2, labelle vu
par la face interne; fig. 3, gynostème auquel est fixée l'anthère.

PHANÉROGAMES DICOTYLÉDONES.

URTICÉES, *URTICEÆ*.

ELATOSTEMA. Forst.

FLORES monoici (vel rarius dioici) in capitulis distinctis, receptaculo plano subcarnoso inserti, bracteis exterioribus latioribus involucrati, et angustioribus plerùmque ternatis stipati. FLORES MASCULI. Calyx sepalis quatuor æqualibus, imbricatis. STAMINA quatuor sepalis opposita, in prefloratione incurva. FLORES FEMINEI. Calyx plerùmque imperfectus, brevissimus, bi-tri-quadrisepalus. OVARIUM nudum vel tantùm bracteis tectum, ovulo erecto. STIGMA sessile, simplex, papillis filiformibus, radiantibus, elongatis. ACHENIA receptaculo carnoso insidentia bracteisque mollibus involuta.

HERBÆ insularum Asiæ tropicarum, foliis alternis, obliquis, plerùmque grossè dentatis et tuberculoso asperis, stipulatis, stipulis vel in unicam axillarem binerviam confluentibus, vel liberis caducis; capitulis florum axillaribus sessilibus vel breviter pedicellatis.

1. ELASTOTEMA MACROPHYLLA. Pl. 45.

E. foliis oblongis, inæquilateralibus, basi obliquis, subsessilibus, brevè acuminatis, obtusè serratis, nervis inferiùs
cauleque villosis, superficie utrâque glabrà, tuberculis ovato-
subrotundis densè tectà; stipulis conatis, petiolo quadruplo
longioribus; capitulis masculis brevissimè pedunculatis, bracteis latissimis, confluentibus, involucratis, bracteolis interioribus oblongis, obtusis, vix pilosis; floribus pedicellatis,
bracteas æquantibus, sepalis glabris, brevissimè acuminatis.

HERBA caule simplici? crasso, flexuoso, pilis brevibus, subulatis, densis, subadpressis tecto. FOLIA alterna, disticha, approximata, subsessilia,
maxima, octopollicaria, et tribus pollicibus lata, crassa, inæquilateralia,
obliquè oblonga, brevè acuminata, basi sensìm attenuata, obtusè serrata,
penninervia, nervis obliquis æqualibus et parallelis, superficie superiori
glabra, tuberculis minimis, hemisphæricis, densè approximatis obsita,
inferiori ad nervos nervulosque pubescente, tuberculis ovatis numerosis
inspersa. STIPULÆ lanceolatæ, in unicam binerviam intra axillarem cadu-
cam confluentes. CAPITULA florum axillaria (an dioica vel monoica, capitulis femineis in basi deficiente caulis insertis?), brevissimè pedunculata,
explanata, discoidea et subbiloba, bracteis crassiusculis, obtusis, subconfluentibus, pubescentibus, involucrata, bracteis interioribus ad basim
cujusque floris ternis, anteriore latiore obovata, obtusa, pilosiuscula, lateralibus oblongis vel spathulatis ciliatis. FLORES masculi pedicellati, glaberrimi. CALYX quadrisepalus, sepalis ovatis, valvatis, acumine brevi conico
superatis. STAMINA quatuor sepalis opposita; filamentis filiformibus, antheris duplò longioribus, in alabastro incurvatis, et deinde elasticè pro-
silientibus; antheris ovatis, bilobis, rimis longitudinalibus dehiscentibus.

Loc. : Amboine.

PLANCHE XLV. *Elatostema macrophylla* de grandeur naturelle. Fig. 1, partie de la face supérieure des feuilles, très-grossie; fig. 2, partie de la face inférieure
et d'une des nervures, très-grossie; fig. 3, un des capitules de fleurs mâles, vu

en dessus; fig. 4, le même, coupé; fig. 5, une des grandes bractées intérieures;
fig. 6, une des bractées latérales; fig. 7, fleur mâle, accompagnée des deux bractées
latérales; fig. 8, sépale; fig. 9, fleur mâle épanouie; fig. 10, étamine avant le dé-
roulement complet du filet; fig. 11, la même, complétement développée.

Obs. Cette espèce a des rapports si intimes avec quelques
espèces déjà décrites de ce genre, qu'au premier aspect on peut
être tenté de réunir ces diverses plantes; mais un examen plus
attentif montre des différences spécifiques bien positives. Les
autres ÉLATOSTEMA avec lesquels on pourrait la confondre,
sont :

1. *Elatostema sessile*, FORST., *Char. Gen.*, p. 106; *Dors-
tenia pubescens*, FORST., *Prod.*, p. 11; *Elatostema pubescens*,
PERS., *Syn.*, II, 517; *Elatostema serratum*, FORST., *Mss. in
Herb. Mus. Par.*

2. *Elatostema fagifolia* (*Procris fagifolia*, POIR. Encyc. méth.)

3. *Elatostema maculata* (*Procris maculata*, POIR., l. c.)

Obs. Ces trois espèces ont beaucoup de rapports entre elles et
avec notre espèce, par la forme et la grandeur de leurs feuilles
et par leur inflorescence sessile.

L'*Elatostema sessile* de Forster a des feuilles complétement
sessiles du côté le plus prolongé de la base de la feuille, qui est
même un peu auriculé; les dentelures sont très-grandes, profondes et aiguës. Leur surface supérieure est couverte de tubercules linéaires, aigus, blancs; la face inférieure de petits tubercules ronds; les nervures ne portent que quelques poils roides
et courts. Les stipules sont ovales, lancéolées, beaucoup plus
courtes que dans les autres espèces; l'une, tout-à-fait caulinaire
et latérale, est uninerviée et tombe promptement; l'autre,
intra-axillaire, binerviée, persiste et accompagne les capitules de
fleurs. Ces capitules sont complétement sessiles, entourés de
4 à 5 larges bractées ovales, aiguës et mucronées.

L'*Elatostema fagifolia* a des feuilles portées sur un court pétiole, lancéolées, atténuées à leur base, assez longuement acuminées au sommet, bordées de dents très-régulières, peu profondes et obtuses ; leur forme se rapproche plus de celle de notre *Elatostema macrophylla ;* mais les stipules, au lieu d'être soudées entre elles en une seule stipule intra-axillaire, sont libres, distinctes, et placées latéralement : elles sont en outre moins caduques. Les deux surfaces des feuilles sont couvertes de petites glandes orangées, sphériques, et de tubercules blancs fusiformes et presque linéaires ; les nervures sont glabres mais couvertes d'un grand nombre de ces tubercules linéaires, tous placés parallèlement à la nervure. Les capitules de fleurs mâles sont complétement sessiles, entourés de bractées ovales, obtuses, couvertes de poils courts et roides. Enfin les sépales sont très-obtus, concaves, mais surmontés chacun d'un très-long appendice subulé, recourbé, hérissé de poils.

L'*Elatostema maculata* a les feuilles plus petites, plus acuminées, courtement pétiolées et assez semblables par leurs formes générales à celles de l'*E. macrophylla,* mais leurs nervures inférieures, surtout du côté le plus étroit de la feuille, sont beaucoup plus obliques et deviennent presque parallèles au bord même ; leur surface supérieure est couverte de tubercules linéaires très-allongés : sur leur face inférieure, les nervures et souvent même le parenchyme sont couverts de petits poils courts, dressés, très-serrés sur les nervures principales et sur la tige ; en outre, on voit une infinité de tubercules ovoïdes ou oblongs, blancs, entremêlés souvent de petites glandes jaunes.

Cet aspect et ces détails de structure des deux surfaces de la feuille sont tout-à-fait différents dans *l'El. macrophylla ;* les capitules de fleurs, que nous n'avons vus que dans un état très-imparfait, paraissent en outre assez différents par la forme de leur bractée et par leur volume beaucoup moins considérable.

2. ELATOSTEMA URVILLEANA. Pl. XLVI A.

E. glabra, caule sub-simplici foliisque utrinque tuberculis numerosis, lineari-fusiformibus tectis; foliis obovato-lanceolatis, breve acuminatis, basi attenuatis, sessilibus, obliquis, triplinervis, serratis, stipulis brevissimis, oblongis, obtusis, distinctis, membranaceis; capitulis florum brevè pedunculatis, involucri bracteis distinctis, ovatis, bracteolis lanceolatis vel linearibus, obtusis; sepalis ovatis, acutis muticis, glabris; floribus femineis, calice bisepalo.

Herba vix e basi ramosa, ramis virgatis, pedalibus gracilibus; epidermide tuberculis densis linearibus parallelis obsita, glabra. Folia alterna, disticha, sessilia, obovato-lanceolata, basi sensim attenuata obliqua subintegerrima, apice acuminata grossè dentata, triplinervia, glaberrima, utraque superficie nervisque tuberculis linearibus conformibus inspersis. Stipulæ duæ distinctæ, inæquales, altera lateralis lineari-oblonga, obtusa, cauli extra axillam semper eodem latere (latere basis folii magis productæ) inserta, altera intra-axillaris, brevior et paulo latior, utraque scariosa enervia. Capitula florum axillaria hemisphærica, pedicellata, pedunculo stipulos æquante, superiora mascula, inferiora feminea; bracteis exterioribus involucrum efficientibus, ovatis, imbricatis, glabris, externis acuminatis, interioribus triangularibus. Flores masculi bracteis tribus stipati, inferiore seu exteriore obovata, lateralibus oblongo-spathulatis, pedicellati, bracteis breviores. Calyx 4-sepalus, sepalis imbricatis, ovatis, acutis. Stamina quatuor opposita, incurva; filamentis filiformibus brevibus; antheris ovato-sagittatis, bilocularibus, loculis rimâ longitudinali, dehiscentibus; polline madido subsphærico læve, sicco elliptico sulcato. Pistilli rudimentum fusiforme. Stamina nuda, aliquando floribus interposita et æqualia, filamento plano, membranaceo, bracteis subsimili, anthera ovata perfecta. Flores feminei bracteis tribus conformibus, lineari-spathulatis, apice pilosiusculis, stipati, pedicellati. Calyx : sepala duo bracteiformia seu squamulæ lineari-oblongæ, membranaceæ, ciliatæ, ovario paulo breviores, summo pedicello insertæ, oppositæ. Ovarium fusiforme, læve, ovulo unico erecto. Stigma sessile e papillis seu filamentis simplicibus, articulatis, elongatis, radiantibus compositum. Fructus : akenium læve, crustaceum, tenue, squamis immersum, semine repletum. Testa tenuis. Perispermum nullum. Embryo ovato-clavatum, radicula obtusa superiore, cotyledonibus crassis adpressis.

Loc. : L'île d'Ualan.

Planche XLVI A. *Elatostema Urvilleana* de grandeur naturelle. Fig. 1, un des capitules de fleurs mâles; fig. 2, une des bractées intérieures; fig. 3, une des bractées extérieures; fig. 4, fleur mâle entourée des trois bractées qui l'accompagnent; fig. 5, la même fleur épanouie; fig. 6, étamine nue, isolée, entremêlée aux bractées, et s'insérant directement sur le réceptacle; fig. 7, un des sépales; fig. 8, étamine vue par sa face interne; fig. 9, la même, vue extérieurement; fig. 10, pistil avorté; fig. 11, pollen sec et humecté; fig. 12, fleur femelle, entourée de ses trois bractées; fig. 13, la même, isolée, montrant ses deux sépales et le pistil qui la constituent; fig. 14, fruit mûr; fig. 15, le même, dont le péricarpe est coupé et laisse voir la graine attachée par sa base; fig. 16, embryon.

Obs. Cette espèce a surtout de l'affinité avec l'*Elatostema acuminata (Procris acuminata* Poiret, Enc.; ex Java, Commerson *in herb. Mus.)*; mais celle-ci s'en distingue par ses feuilles plus larges, plus acuminées, à dentelures plus grandes, parfaitement glabres et dépourvues de tubercules allongés sur ses deux surfaces : enfin ses capitules de fleurs sont complétement sessiles.

3. ELATOSTEMA PARVIFOLIA. Pl. XLVI B.

E. glabra, caule ramoso foliisque utrinque tuberculis linearibus numerosis inspersis; foliis sessilibus, ovatis vel ovatolanceolatis, dentatis, obliquis, triplinervibus; stipulis distinctis, brevissimis, subulatis; capitulis florum femineorum sessilibus, bracteis exterioribus interioribusque ovatis, ciliato-dentatis; floribus femineis bracteis tribus inæqualibus stipatis, calyce subnullo brevissimo et irregulari.

Herba (an dioica?) cauli gracili, ramoso; epidermide ramorum et utriusque paginæ foliorum tuberculis lineari-fusiformibus inspersa, glabra. Folia sessilia, disticha, basi obliqua, ovata vel ovato-lanceolata, acuta,

dentata, triplinervia. Stipulæ duæ subæquales, distinctæ, virides, subulatæ, acutæ, altera intra axillari paulo latiori, altera laterali, cauli infra
axillam inserta. Capitula florum femineorum (masculis deficientibus in
specimine unico Urvilleano) axillaria, sessilia, bracteis numerosis, distinctis, ovatis, pilis brevibus asperis, involucrata. Bracteæ seu squamulœ
tres ad basim cujusque floris, exterior flore duplo longior, oblonga,
rigidè ciliato-dentata, foliacea, viridis, lateralia florem æquantia vel vix
superantia, lanceolata, ciliata, membranacea. Flos pedicellatus, pedicello
brevi. Calycis rudimentum e squamulis brevissimis duobus vel tribus ef-
formatum. Ovarium fusiforme, læve. Stigma sessile, e papillis filiformibus, simplicibus, articulatis, penicellatìm radiantibus, constitutum.

Loc. : L'île d'Ualan.

Planche XLVI B. Individu ou rameau femelle de l'*Elatostema parvifolia* de
grandeur naturelle. Fig. 1, fleur femelle, accompagnée de ses trois bractées ; fig. 2,
la même, dépouillée de ses bractées, et ne présentant qu'un calice imparfait autour
du pistil ; fig. 3, calice isolé.

Obs. Je n'ai vu dans les herbiers que j'ai consultés aucune
autre espèce qu'on pût confondre avec celle-ci. La grandeur et
la forme de ses feuilles, sa tige fort rameuse, ses capitules parfaitement sessiles et ses bractées garnies de cils roides, la distinguent facilement.

CELTIS. L.

1. CELTIS AMBOINENSIS. Pl. XLVII A.

C. foliis petiolatis, ovato-oblongis, acuminatis, serrulatis,
basi æqualibus, cordatis, inferiùs ramulisque densè sericeo-
villosis, albicantibus, superiùs tuberculoso-pubescentibus, scabris ; floribus axillaribus cymosis, cymis multifloris, contractis
petiola vix æquantibus ; sepalis ovatis, acutis, pubescentibus.

Var. α, angustifolia, foliis ovato-oblongis, attenuato-acumi-
natis.

Celtis amboinensis, Willd., *Spec.*, IV, p. 997.

Var. β, latifolia, foliis ovatis, latioribus, acuminatis.

Arbor ramis virgatis cylindricis, junioribus villosis, pubé candicante
(in specim. siccis), patente. Folia alterna, disticha, brevè petiolata,
petiolo 4-lineis longo, limbo oblongo, subsymetrico, 4-pollicibus longo,
sesqui vel duobus pollicibus lato, basi æqualiter cordato, apice longe acuminato, margine e basi ad apicem serrulato; nervis obliquis, duobus
inferioribus elongatis, validioribus; superficie inferiori pube densa, molli,
albida, in junioribus sericeo-splendente, tecta; superiori rugosa, pilisque
rarioribus brevibus aspersa. Flores parvi, cymosi, cymis ramosissimis
petiolum æquantibus, floribus omnibus femineis (in specim. nostris; an
planta dioica, an floribus masculis in cymis inferioribus caducis?). Calyx 5-sepalus, sepalis vix basi unitis, ovatis, acutis, externè villosis.
Ovarium ovatum, compressum, glaberrimum. Stigmata duo elongata,
fibrillosa, e basi divergentia. Fructus : drupa parva magnitudine grani
cannabini, vix externe carnosa, ovata, compressa, calyce persistente
basi cincta.

Loc. : Var. α, Amboine (d'Urville, Ventenat), Bourou
(d'Urville). Var. β, Offack, dans l'île Waigiou (d'Urville).

Planche XLVII A. Un rameau du *Celtis amboinensis*, var. α, de grandeur
naturelle. Fig. 1, surface supérieure des feuilles; fig. 2, surface inférieure; fig. 3,
fleur femelle; fig. 4, son calice; fig. 5, un des sépales, vu par sa face interne;
fig. 6, le même, vu extérieurement.

Obs. Cette espèce a surtout des rapports avec le *Celtis orientalis*, *L.*, mais elle en diffère par ses feuilles parfaitement symé-
triques ou à peine un peu inégales en largeur, et dont les deux
côtés sont également cordiformes à leur base.

2. CELTIS ASPERA.

C. ramulis pubescentibus, foliis brevè petiolatis, ovato-oblongis, acuminatis, serrulatis, basi æqualibus, subcordatis,

subtriplinerviis, inferiùs ad nervos venulasque tantum rigidè et sparsè pilosis, supernè tuberculato-pilosis, asperrimis; floribus axillaribus, glomerato-cymosis, polygamis (hermaphroditis et femineis); sepalis ovatis, pubescentibus, florum masculorum navicularibus, femineorum planis; fructibus ovatis.

Arbor ramis pinnatim ramosis, cylindricis, pubescentibus. Folia disticha alterna, petiolo brevi (3-lin.) suffulta, limbo ovato-oblongo, bipollicari, 9-12 lin. lato, acuminato, basi subcordato, triplinervi, nervis inferioribus robustioribus elongatis, serrato, inferiùs ad nervos venulasque piloso, pilis sparsis rigidis, superiùs pilis rigidis, brevibus, basi tuberculosis, sursum inflexis, tecto. Stipulæ parvæ, subulatæ, pubescentes, caducissimæ. Cymæ axillares, glomeratæ, breves; floribus femineis et hermaphroditis abortivis mixtis, femineis in dichotomiis, masculis in ramulis lateralibus. Flores hermaphroditi : Calyx, sepalis quinque carinatis, margine scariosis, dorso pubescentibus. Stamina inclusa, sepalis opposita, filamentis capillaribus, antheris ovatis, bilobis rimis longitudinalibus dehiscentibus. Ovarium ellipticum, stigmatibus parvis, plerumque abortivum. Flores feminei. Calyx patens quinque-sepalus, sepalis ovatis, planiusculis, externè pubescentibus. Stamina nulla. Ovarium ovatum, basi pilis cinctum. Stigmata duo sessilia divergentia, undique papillosa. Fructus vix carnosus, subsphæricus, calyce basi cinctus; semine supernè appenso. Perispermum carnosum, amplum. Embryo arcuatus ad perisphæriam, radicula superiori, cotyledonibus planis, inferioribus.

Loc. : Nouvelle-Hollande, dans les Montagnes bleues, près le port Jackson (Lesson ; d'Urville).

Planche XLVIII. *Celtis aspera*, de grandeur naturelle. Fig. 1, portion de la surface supérieure des feuilles, couvertes de poils roides et subulés; fig. 2, portion de la surface inférieure des feuilles; fig. 3, fleur mâle; fig. 4, un des sépales, vu de côté; fig. 5, le même, vu intérieurement; fig. 6, étamine; fig. 7, fleur femelle; fig. 8, coupe longitudinale d'un ovaire déja un peu développé; fig. 9, coupe longitudinale du fruit.

3. CELTIS DISCOLOR. Pl. XLVII B.

C. foliis petiolatis, oblongo-lanceolatis, acuminatis, serrulatis, inferiùs ramulisque pube densissima, brevi, albicante vel flavescente, tectis, superiùs glabris, asperulis; floribus cymosis, axillaribus, cymis petiolos subæquantibus, calyce brevi, sepalis obovatis obtusis pubescentibus.

Var. α, foliis basi abruptè contractis, inferiùs albicantibus.

Var. β, foliis basi subattenuatis, inferiùs flavicantibus, splendentibus.

Arbor ramis virgatis, vix ramosis, cylindricis, pube brevi densa cinerea tectis. Folia alterna, disticha, petiolo brevi (4-lin.) suffulta, limbo oblongo-lanceolato, quatuor pollicibus longo, 12-15 lin. lato, acuminato, basi abruptè æqualiter contracto, rarius subcordato, tenuissimè serrulato, pagina inferiori pube brevissima densa contigua cinerascente, albicante vel flavicante undique tecta, superiori obscura, pilis brevissimis rarisque inspersa. Stipulæ minimæ, caducissimæ, subulatæ. Cymæ axillares, petiolo vix longiores; superiores bitrifidæ, subtrifloræ, floribus femineis; inferiores ramosiores, multifloræ, floribus masculis vel hermaphroditis plerumque abortivis. Calyx quinque-sepalus, sepalis obovatis, obtusis, ad basim unitis, externè pubescentibus. Stamina inclusa. Ovarium ovatum, calyce longius. Stigmata duo divergentia, undique fibrillosa. Fructus ellipticus, vix carnosus, calyce persistente basi cinctus.

Loc. : Var. α, l'île de Taïti (d'Urville; Morrenhout).

Var. β, l'île de Borabora, près de Taïti (Lesson).

Planche XLVII B. Un rameau du *Celtis discolor*, var. α, de grandeur naturelle. Fig. 1, portion de la surface supérieure des feuilles; fig. 2, fragment de la surface inférieure; fig. 3, jeune fruit entouré du calice; fig. 4, calice; fig. 5, un des sépales.

4. CELTIS COMMERSONII.

C. foliis oblongis, acuminatis, subæqualibus, basi cordatis, crenulatis, nervis inferioribus elongatis, pagina superiori tuberculosa, sparsè pilosiuscula, inferiori pallidiori, glabra ; nervis flavescentibus, ramulisque tantùm puberulis ; cymis axillaribus, multifloris, petiolo paulo longioribus ; sepalis ovato-subrotundis, obtusis, margine pilosis.

Andaraize, COMMERS. *Mss. in herb.*

Loc. : L'île Bourbon et Madagascar (COMMERSON ; D'URVILLE).

Obs. Cet arbre a été confondu par Lamarck, *Encycl., vol.* IV, p. 138, avec le *Celtis orientalis* de Linné, qui croit dans l'Inde et à Ceylan, et qui en diffère bien sensiblement par plusieurs de ses caractères. Les feuilles du *Celtis orientalis* sont aussi oblongues, mais beaucoup plus acuminées, plus inégales inférieurement, et plutôt tronquées que cordiformes à leur base. Elles sont bordées de dentelures fines et aiguës, et non de crénelures obtuses ; enfin la face supérieure des feuilles est plus rude. Mais ce qui les distingue surtout au premier coup d'œil, c'est que la face inférieure est entièrement couverte d'un duvet court et serré, blanchâtre et soyeux, qui ne laisse apercevoir nulle part l'épiderme, comme dans notre *Celtis discolor.* Il y a aussi quelques différences dans les fleurs, dont les sépales sont ovales, aigus dans le *Celtis orientalis,* arrondis et obtus dans le *Celtis Commersonii.*

EUPHORBIACÉES, *EUPHORBIACEAE*.

PORANTHERA. Rudge.

Flores monoici, apice ramulorum racemosè aggregati, pedicellati, bracteati, inferioribus masculis, superioribus femineis. Flores masculi. Calyx profunde quinque partitus, sub quinque sepalus; sepalis lanceolatis, præfloratione imbricatis. Petala quinque, sepalis alterna et multo breviora, lanceolata, basi calycis inserta. Glandulæ quinque, carnosæ, breves, cuneiformes, truncato-emarginatæ, petalorum basi insertæ. Stamina quinque petalis alterna, libera, tubo brevi calycis inserta, glandulisque interiora; filamentis filiformibus, sepalis brevioribus vel æqualibus; antheris subtetragonis, basi ad apicem filamenti affixis, quadrilocularibus, loculis æqualibus, parallelis, apice poris quatuor distinctis ovatis apertis. Ovarii rudimentum : Squamulæ membranaceæ tres, obovato-spathulatæ, obtusæ, concavæ, subfornicatæ, fundo calycis insertæ, absque rudimento stigmatis et ovuli. Flores feminei. Calyx et Corolla ut in floribus masculis. Glandulæ breviores, latiores, subconnatæ et annulum decemlobatum efformantes. Stamina nulla nec rudimenta. Ovarium sessile, globoso-depressum, sexcostatum, externe verrucosum, triloculare, loculis bi-ovulatis, ovulo an-

gulo superiori et interiori affixo, pendulo. Styli tres,
usque ad basim bifidi, divergentes, subulati. Stigmata
sex, subfusiformia, minima, ad apices ramorum stylorum. Fructus globoso-depressus, verrucosus, sexcostatus,
tricoccus, coccis bipartibilibus, crustaceis, elasticis,
dispermis. Semen trigono-convexum, testa carnosa
foveolata alba, membrana interna tenuiori fulva.
Perispermum carnosum, amplum. Embryo cylindricus,
elongatus, incurvus, perispermo inclusus, prope partem convexam (seu exteriorem) seminis positus, tigella longa, radicula superiori, cotyledonibus brevibus,
semi-cylindricis, inferioribus.

Fruticuli ramosi, glabri, foliis alternis, stipulatis,
integerrimis, plerumque linearibus, floribus ad apices
ramulorum confertis, subracemoso-corymbosis, pedicellatis, bracteis inferioribus longioribus foliaceis
subinvolucratis.

1. PORANTHERA ERICIFOLIA.

P. foliis approximatis, patentibus, linearibus, obtusis, revolutis, subcarnosis; floribus corymbosis, ad apices ramorum
dense capitatis, petalis spathulatis, calyce duplo brevioribus,
staminibus sepala paulo superantibus.

Poranthera ericifolia, Rudge, *Trans. Linn.* tom. X, p. 302.
tab. XXII, fig. 2. Ad. Brong., *Ann. sc. nat.*, 1re sér., tom. 29,
p. 384.

Suffrutex glaberrimus, e basi ramosus, ramis ascendentibus, simplicibus, foliis densè approximatis undiquè tectis. Folia alterna, patentia,
linearia, obtusa, margine inferius convoluta, basi paululum angustata.
Stipulæ duæ scariosæ, liberæ, caulinæ, subulatæ, margine laceratæ, bre-

vissimæ. INFLORESCENTIA spicato-corymbosa, ramis inflorescentiæ alternis laxè foliosis, inferioribus longioribus superiora æquantibus. FLORES ad apices ramulorum spicati, foliis lineari-spathulatis, flores longitudine æquantibus, bracteati, inferiores masculi, caduci, superiores pauciores (4-5) feminei persistentes, bracteisque florum masculorum subinvolucrati. FLORES MASCULI pedicellati, pedicello gracili, e basi caduci. CALYX 5-sepalus, patens, sepalis obovato-oblongis, membranaceis, obtusissimis, basi in tubo obconico brevissimo connata, in præfloratione imbricatis. PETALA 5 alterna, sepalis dimidio breviora, oblongo-spathulata, obtusa, tubo calycis inserta. GLANDULÆ 5, petalis oppositæ et interiores, cuneiformes, subbidentatæ, carnosæ, brevissimæ. STAMINA 5, sepalis opposita et paulo longiora, filamentis capillaribus, apice incurvis; antheris parvis, basi filamentis affixis, quadrilobis, lobis parallelis apice poro proprio dehiscentibus. OVARII rudimentum e tribus squamis membranaceis, obovatis, concavis, petaloideis, punctulatis, erectis, liberis et mutuo adpressis, petala æquantibus. FLORES FEMINEI. CALYX 5-sepalus, sepalis oblongis, obtusis. COROLLA, petalis alternis, minoribus quam in flore masculo, lineari-oblongis. GLANDULÆ imperfectæ, connatæ. STAMINA nulla, nec rudimenta. OVARIUM globosum, sexcostatum, verrucosum. STYLI tres e basi divergentes, bifidi, ramis filiformibus, nudis. STIGMATA sex, parva, ovata, ad apices ramorum stylorum. FRUCTUS globoso-depressus, sexcostatus, tuberculosus, stylis persistentibus coronatus, trilocularis, tricoccus, coccis ad maturitatem solubilibus, bivalvibus usque ad basim fissis; loculis dispermis, seminibus arcuatis, latere planiusculis, dorso convexis, rugosis (in speciminibus nostris immaturis.)

Loc. : La Nouvelle-Hollande, près le port Jackson (RIEDLEY; GAUDICHAUD; D'URVILLE); les côtes du détroit de d'Entrecasteaux (RIEDLEY).

2. PORANTHERA CORYMBOSA. Pl. L A.

P. foliis approximatis, erectis, lineari-lanceolatis, subspathulatis, acutiusculis, planis, subtus albidis, discoloribus; floribus late corymbosis; petalis linearibus, calyce triplo brevioribus; staminibus sepala paulo superantibus.

Poranthera corymbosa, AD. BRONG. *Ann. sc. nat.*, l. c. p. 385.

CAULIS subsimplex, lignosus, erectus, pedalis, glaberrimus, cylindricus. FOLIA alterna, approximata, spiraliter inserta, sessilia, basi attenuata, lineari-lanceolata, obtusa, plana, integerrima, discoloria, inferius pallida, margine paululum revoluta, enervia, glaberrima. STIPULÆ minutissimæ, subulatæ, scariosæ. INFLORESCENTIA terminalis, ramis ramulisque corymbosis, nudis, elongatis. FLORIBUS ad apices ramorum spicatis, approximatis, subglomeratis, inferioribus masculis breve pedicellatis cum pedicello deciduis, bracteis spathulatis angustis stipatis, superioribus femineis longiùs pedicellatis, erectis, post maturitatem fructus persistentibus, coccis tantùm caducis. FLORES MASCULI. CALYX quinquesepalus, sepalis lanceolatis, obtusis, basi angustatis. PETALA quinque alterna, linearia, sepalis triplo breviora. STAMINA quinque sepalis opposita, et paululùm longiora, filamentis capillaribus inflexis, antheris basi affixis, subtetragonis, quadrilobis, quadrilocularibus, loculis poro terminali apertis. GLANDULÆ quinque petalis oppositæ, cuneatæ, breves, carnosæ, truncato-emarginatæ. PISTILLI rudimentum e squamis tribus membranaceis, fornicatis, erectis, subconfluentibus, constans. FLORES FEMINEI. CALYX et COROLLA ut in floribus masculis. GLANDULÆ in annulo subintegro confluentes. STAMINUM rudimenta nulla. PISTILLUM jam evolutum in speciminibus nostris. FRUCTUS globoso depressus, lævis, sexcostatus, stylis persistentibus exsiccatis coronatus, trilocularis, tricoccus, coccis solubilibus et bivalvim ab apice ad basim partitis, integrè ad maturitatem deciduis, columella centrali tantùm persistente. SEMINA duo in quolibet loculo, reniformia, sinu interiori axi affixa; testa spongiosa, albida, foveolata; membrana interior fulva, tenuis. PERISPERMUM carnosum, amplum. EMBRYO arcuatus, cylindricus, superficiei hilo oppositæ approximatus, radicula superiori, tigella cylindrica, cotyledonibus brevibus, semicylindricis, inferioribus.

Loc. : le port Jackson à la Nouvelle-Hollande (D'URVILLE; GAUDICHAUD).

PLANCHE L. A. *Poranthera corymbosa*, de grandeur naturelle. Fig. 1, fleur mâle; fig. 2, sépale; fig. 3, pétale; fig. 4, étamine; fig. 5, glande du disque; fig. 6, fleur femelle à l'époque de la maturité du fruit, après la chute des coques; fig. 7,

fruit vu en dessus; fig. 8, une graine entière; fig. 9, la même, coupée longitudinalement; fig. 10, embryon.

3. PORANTHERA MICROPHYLLA. Pl. L. B.

P. caule ramosissimo, humili, foliis obovatis, planis, distantibus, reflexis; ramis floriferis vix corymbosis, supernè multi-
bracteatis, elongatis; petalis lanceolatis, calyce quadruplo brevioribus, staminibus dimidio sepalis brevioribus.

Poranthera microphylla, Ad. Brong. l. c. p. 385.

Suffrutex humilis, triquadripollicaris, glaberrimus, e basi ramosissimus, ramis ascendentibus, foliosis. Folia alterna, obovato-spathulata
vel oblongo-spathulata, plana. Stipulæ parvæ, ovatæ, acuminatæ, integræ, scariosæ. Inflorescentia generalis vix corymbosa, partialis spi-
cata, floribus inferioribus cujusque spicæ masculis, caducis, bracteis
spathulatis persistentibus stipatis, superioribus femineis. Flores
masculi. Calyx quinque sepalus, sepalis obovato-oblongis, obtusis, undulatis. Petala quinque alterna, lanceolata, sepalis quadruplo breviora.
Glandulæ quinque, petalis oppositæ, cuneiformes, truncato-emarginatæ,
carnosæ. Stamina 5 sepalis opposita et dimidio breviora; filamentis
filiformibus vel subulatis, vix arcuatis; antheris subtetragonis, quadrilobis, basi affixis, lobis parallelis, apice poro proprio hiantibus. Ovarii
rudimenta tria, squamiformia, membranacea, spathulata et fornicata.
Flores feminei. Calyx et Corolla ut in floribus masculis. Glandulæ inter
se subconcretæ in annulo decem-dentato. Stamina nulla. Ovarium turbinatum, medio depressum, sexcostatum, tuberculosum, triloculare, loculis biovulatis, ovulis angulo interiori suspensis, collateralibus. Styli
tres e basi bifidi, ramis subulatis, stigmatibus ovalibus superatis. Fructus calyce persistente cinctus, globoso-depressus, sexcostatus, tenuissimè
tuberculatus, tricoccus, coccis solubilibus et bivalvibus caducis, axi
centrali persistente, loculis dispermis. Semina reniformia, sinu interiori
axi affixa, externe convexa, testâ carnosâ albidâ foveolatâ, membranâ
interiori fulvâ tenuiori. Perispermum carnosum, amplum. Embryo cylindricus, elongatus, incurvatus, perispermo inclusus, prope partem
convexam seminis positus, radiculâ superiori, tigellâ longâ cylindricâ
cotyledonibus semicylindricis brevibus inferioribus.

Loc. : les montagnes Bleues, près le port Jackson (Lesson): les bords du détroit de d'Entrecasteaux (Riedley).

Planche L B. Un des plus grands individus du *Poranthera microphylla* en fruit, de grandeur naturelle. D'autres individus plus jeunes, que j'ai observés depuis que cette planche est gravée, ont généralement des tiges plus courtes, plus rameuses du bas, et garnies de feuilles plus nombreuses et plus larges; cet échantillon est celui recueilli par M. Lesson. Fig. 1, fleur mâle; fig. 2, sépale; fig. 3, portion du disque glanduleux, avec un des pétales et une étamine; fig. 4, anthère; fig. 5, une des écailles qui remplacent l'ovaire; fig. 6, fleur femelle; fig. 7, un des styles bifurqués, dont chaque branche est terminée par un stigmate; fig. 8, fruit entier, vu en dessus, fig. 9, une des coques, ouverte.

Obs. Les caractères que nous avons tracés de ce genre et les descriptions des espèces ne laissent aucun doute sur sa position dans la famille des Euphorbiacées; il est seulement étonnant que ce genre, qui paraît assez commun à la Nouvelle-Hollande. et surtout aux environs du port Jackson, n'ait pas été plus anciennement reconnu pour appartenir à cette famille. La description de Rudge ne pouvait nullement, il est vrai, mettre sur la voie, car il n'a connu que la fleur mâle, qu'il a considérée comme une fleur hermaphrodite, et dont il a décrit le pistil d'après le rudiment qui existe seulement dans ces fleurs, de manière à éloigner toute comparaison avec les Euphorbiacées.

Les caractères que je donne ici de ce genre ne s'accordent pas non plus complétement avec ceux indiqués dans la note que j'ai publiée sur ce sujet dans les *Annales des sciences naturelles*, tom. 29. Un examen plus attentif m'a montré en effet que les fleurs mâles étaient toujours inférieures aux fleurs femelles, et que chaque loge de l'ovaire renfermait deux ovules. Ces caractères rapprochent surtout ce genre de l'Andrachne, dont il diffère essentiellement par les filets de ses étamines libres jusqu'à leur base, et par la singulière structure de ses anthères, structure qu'on ne retrouve dans aucun autre genre d'Euphorbiacées. Enfin l'uniformité de son port, de son inflo-

rescence et de son habitation, en fait un des groupes les plus
naturels de cette famille.

MONOTAXIS.

FLORES monoici ad apices ramulorum fasciculati,
centralis quinquepartitus, plerumque femineus, rariùs
masculus, exteriores quadripartiti masculi, bracteis involucrati. FLORES MASCULI. CALYX 4-5 partitus, sepalis lanceolatis, in præfloratione valvatis. PETALA alterna 4-5,
brevè unguiculata, hastato-triloba, lobis inferioribus arcuatis, convolutis, sepalis breviora. Glandulæ 4-5, sepalis
oppositæ (an petalis exteriores?), oblongæ, subclavatæ,
apice crassiores, truncatæ vel bidentatæ, sepalis adpressæ. STAMINA 8-10, eadem serie disposita; filamentis capillaribus, basi in membrana infundibuliformi 8-10 nervia
connatis; antheris lobis subglobosis, rima semicirculari
dehiscentibus, longè discretis, connectivo in ramis duobus
elongatis, divaricatis vel reflexis partito. Pistilli rudimentum nullum. FLOS FEMINEUS. CALYX, PETALA et GLANDULÆ
ut in floribus masculis. OVARIUM sphæricum, trilobum,
læve. STIGMATA tria e basi bifida, sessilia, undique fim-
briato-papillosa. FRUCTUS tricoccus; cocci bivalves mono-
spermi. Semina lævia, oblonga, supernè caruncula conica
notata. — HERBÆ glaberrimæ, graciles, e basi ramosæ,
annuæ? foliis alternis vel superioribus oppositis ternisve,
distantibus, floribus parvis, ad apices ramulorum
glomeratis.

1. MONOTAXIS LINIFOLIA. Pl. XLIX B.

M. foliis distantibus, lanceolatis vel lineari-lanceolatis, integerrimis, alternis, oppositis vel ternis; flore femineo pedicellato, sepalis petalis quadruplo longioribus.

Monotaxis linifolia, Ad. Brong. l. c. p. 387.

Herba dura vel Suffrutex gracilis, ramis filiformibus, subsimplicibus
(an e basi perennante fasciculatim nascentibus?), cylindricis, glaberrimis.
Folia distantia, alterna, vel superiùs opposita aut ternatim verticillata,
inferioribus obovato-lanceolatis, superioribus lanceolatis vel lineari-lanceolatis; omnibus integris, glaberrimis, uninerviis. Stipulæ minutissimæ
oblongæ, apice crassiores, subglandulosæ, caulinares. Flores monoici, ad
apices ramulorum fasciculati, centralis quinque partitus plerumque femineus, rariusve masculus, exteriores (5-6) masculi quadripartiti,
bracteis ovatis, brevibus, involucrati. Flores masculi. Calyx 4-5-partitus,
sepalis ovato-acuminatis, apice obtusis, in præfloratione valvatis. Petala
4-5, sepalis alterna, triplo-quadruplove breviora; breve unguiculata,
hastato-triloba, lobis inferioribus convolutis medioque acutis. Glandulæ
4-5, sepalis oppositæ (an petalis exteriores?), oblongæ, subclavatæ, apice
crassiores, truncatæ vel bidentatæ, sepalis adpressæ. Stamina 8-10
eadem serie inserta; filamenta capillaria sepalis et inter se æqualia, ima
basi connatis in membrana brevi infundibuliformi 8-10-nervia; antheræ
lobis subglobosis, rima semicirculari dehiscentibus, longè discretis,
connectivo in ramis duobus elongatis, divaricatis vel reflexis, partito.
Pistilli rudimentum nullum. Flores feminei. Calyx, Corolla et Glandulæ numero quinario, forma et proportione ut in flore masculo. Ovarium sphæricum, trilobum, læve, triloculare, loculis uniovulatis. Stigmata tria sessilia, e basi bifida, undique fibrillosa. Fructus lævis,
trilocularis, tricoccus. Cocci elastici fere usque ad basim bivalves, mo-
nospermi. Semina lævia, oblonga, supernè caruncula conica notata.

Loc. : le port Jackson à la Nouvelle-Hollande.

Planche XLIX B. *Monotaxis linifolia*, de grandeur naturelle. Fig. 1, groupe de fleurs dans lequel la fleur centrale est femelle. Fig. 2, groupe de fleurs dans lequel la fleur centrale est mâle, mais à cinq divisions comme les fleurs femelles. Fig. 3, fleur mâle entière; fig. 4, une des glandes; fig. 5, un des pétales dans sa position naturelle; fig. 6, le même développé; fig. 7 et 8, deux étamines; fig. 9, une des coques du fruit ouverte, et dont la graine est sortie; fig. 10, graine.

2. MONOTAXIS TRIDENTATA.

M. foliis alternis, oppositis vel ternis, inferioribus apice profundè tridentatis, superioribus integerrimis lanceolatis, flore femineo sessili; sepalis petalis duplò longioribus.

Monotaxis tridentata, Endl. *Atakta*, p. 8. tab. VIII.

Loc. : la Nouvelle-Hollande, près le port Jackson.

Obs. Cette espèce, ajoutée par M. Endlicher au genre Monotaxis, a exactement la même structure florale, et ne diffère même de celle que nous avons figurée que par des caractères assez légers. Ainsi ses feuilles inférieures (d'après la figure) ou supérieures (d'après la description) sont profondément tridentées; ce caractère seul ne nous aurait pas paru suffisant pour les distinguer, car les feuilles inférieures manquent sur nos échantillons; mais en outre la fleur femelle centrale est sessile dans cette espèce, et très-sensiblement pédicellée dans la nôtre; la proportion relative des pétales et des sépales est aussi très-différente.

Le genre Monotaxis se rapproche surtout des genres Ditaxis et Chiropetalon; il diffère du premier par ses étamines, qui ne sont pas insérées sur deux rangs et sur un pivot central, et du second par ses étamines en nombre double des sépales.

AMPEREA. Ad. de Juss. Euph.

1. AMPEREA SPARTIOIDES. Pl. XLIX A.

A. dioica, ramis fastigiatis, acutè compresso-triangularibus, subaphyllis, foliis distantibus parvis, obovato-oblongis, sessilibus, margine revolutâ remotè dentatâ, vel abortivis minutissimis, setaceis, integris, caducis; stipulis squamæformibus, scariosis, ovato-peltatis, fimbriatis; floribus axillaribus sessilibus, femineis solitariis, masculis aggregatis.

Amperea spartioides, Rich. *Sert. astrol.* p. 53, pl. 20. (Plant. feminea.)

Leptomeria xyphoclados, Sieber, *Herb. Nov. Holl.* n° 135.

Suffrutex glaberrimus, e basi ramosissimus, pedalis vel sesquipedalis, ramis erectis, ramulisque fastigiatis, striatis, compresso-triangularibus, angulis acutis, prominulis. Folia alterna, remota, angulis ramorum inserta, atro-viridia, obovato-oblonga vel lanceolata, acuta, margine revoluta, distanter utroque latere unibidentata, in ramis floriferis sæpiùs minutissima, linearia vel subulata, subcylindrica, apiculata, decidua. Stipulæ laterales, cauli insertæ, squamiformes, ovato-peltatæ, scariosæ, margine laceratæ, fuscæ. Flores dioici, plantis masculis, ut videtur, frequentioribus (femineis tantùm à clar. botanophilis *Astrolabii* hùc usque collectis). Flores masculi in axillis foliorum abortivorum et sæpiùs deciduorum glomerati, subsessiles, bracteis squamiformibus, ovatis, fuscis, scariosis, fimbriatis, stipati. Calyx campanulatus, membranaceus, tenuis, fuscus, quadrifidus, sepalis in prefloratione valvatis, acutis. Stamina octo, biseriatim fundo calycis inserta, libera, exteriora breviora, interiora filamentis longioribus, calycem æquantibus, filiformibus; antheræ profundè bilobæ, lobis pendulis vel divaricatis, summo apice subglanduloso filamenti affixis, rimâ longitudinali dehiscentibus. Pollen læve, triangulare vel e globulis tribus subcompositum. Flores feminei in axillis solitarii subsessiles, bracteis 2-3 ovato-oblongis, scariosis, brevibus.

stipati. Calyx sepalis quinque ovatis, concavis, acutis, margine subsca-
riosis, ciliatis, persistentibus. Petala et glandulæ nulla. Ovarium ovoi-
deum, trilobum, lobis apice et dorso processubus duobus conicis
ascendentibus præditis et ovarium cornibus sex subcoronatum, centro
depressum, triloculare, loculis uni-ovulatis, ovulo axi suspenso. Stigmata
tria brevia, erecta, crassa, apice bifida. Fructus ovoideus, basi calyce
persistente cinctus, apice dentibus sex approximatis coronatus, medio
umbilicatus, trilocularis, tricoccus; coccis monospermis, bivalvibus,
elasticis, deciduis, columellâ persistente. Semen ellipsoideo-reniforme,
externè convexum, interiùs subconcavum, nigrum, carunculâ albâ bilobâ superatum; testâ crustaceâ, fragili; membranâ internâ, albâ, pel-
lucidâ. Perispermum carnosum, album, amplum. Embryo axilis, radiculâ
superiori tigellâque brevi, cotyledonibus latis, planis, ovatis.

Loc. : Le port Jackson (Gaudichaud, d'Urville); les bords
du détroit de d'Entrecasteaux (Riedley); la Terre Van Diemen
(Lesson *jun.*)

Planche XLIX A. *Amperea spartioides* mâle de grandeur naturelle. Fig. 1,
portion d'un rameau et feuille grossies; fig. 2, groupe de fleurs mâles; ils sont
quelquefois composés de beaucoup de fleurs; fig. 3, bractée; fig. 4, bouton; fig. 5,
fleur mâle complétement épanouie; fig. 6, étamine; fig. 7, pollen.

Obs. Cette plante parait fort commune à la Nouvelle-Hollande, mais nos herbiers n'en ont long-temps possédé que des
individus mâles; ce n'est que pendant le dernier voyage de
l'Astrolabe que M. Lesson jeune a recueilli la plante femelle,
qui a été figurée par M. Richard peu de temps après la publication de la planche où nous avions représenté l'individu mâle.
Cette espèce se distingue très-facilement de l'*Amperea ericoides*,
dont les caractères analytiques ont été représentés par M. Adr.
de Jussieu dans son mémoire sur les Euphorbiacées, mais sans
description spécifique et dont nous croyons utile de tracer ici
les caractères distinctifs.

2. AMPEREA ERICOIDES. Ad. Juss.

A. monoica, ramis erectis, obtusè triangularibus, foliosis; foliis approximatis, lineari - lanceolatis, acutis, integerrimis, margine revolutis, stipulis squamæformibus, scariosis, ovato-setaceis dentatis; floribus axillaribus sessilibus, femineis geminatis vel ternis, vel floribus masculis lateralibus stipatis.

Amperea ericoides, Juss. *Euphorb.* Tab. 10, fig. 32 (absque caract. specif.)

Loc. : le port du Roi-George à la Nouvelle-Hollande.

SANTALACÉES, *SANTALACEAE*.

QUINCHAMALIUM. Juss.

Caliculus brevis, urceolatus, quadridentatus, dentibus inæqualibus, basim calycis arctè cingens, ovarium æquans. Calyx tubulosus, basi ovario adnatus, post anthesim deciduus, limbo quinquefido, prefloratione valvatâ. Petala nulla nec rudimenta. Stamina 5, sepalis opposita, fauci inserta; antheris oblongis, bilobis, rimis longitudinalibus dehiscentibus. Discus epigynus carnosus, annularis, integer, basim styli cingens. Ovarium basi tubi calycis adnatum, uniloculare, spongiosum; ovulis tribus apici columnæ centralis tenuis affixis, sessilibus et subconnatis. STYLUS gracilis, cylindricus, exsertus. STIGMA capitatum parvum. FRUCTUS : Akenium calyculo inclusum discoque accreto superatum, abortu monospermum. SEMEN ex apice columnæ centralis, nunc parieti adpressæ, dependens, a pericarpio facilè secedens, tegumento proprio nullo distincto involutum. PERISPERMIUM carnosum, amplum. EMBRYO ovato-oblongus vel cylindricus, rectus vel obliquus, radiculâ superiori, cotyledonibus parvis adpressis semicylindricis.

PLANTÆ herbaceæ, annuæ vel perennes? radice simplice verticali, caule e basi ramoso, ramis prostratis, ascendentibus vel erectis, foliis linearibus vel lineari-lanceolatis, subcarnosis, alternis, spiraliter insertis: floribus ad apicem ramorum densè spicatis, sessilibus, subcapitatis.

1. QUINCHAMALIUM MAJUS. Pl. LVII A.

Q. ramis erectis, foliis linearibus vel lineari-lanceolatis planis, calyculo dentibus acutis, calycis laciniis lineari-lanceolatis reflexis; antheris linearibus, stylo elongato longè superatis; fructu disco aucto pedicellato superato, embryone ovali obliquo.

Quinchamali linifolio, FEUILL., *Obs.*, tom. III, p. 75, tab. 44.

Quinchamala chilensis, WILLD. *Spec.*, I, 1217.

Quinchamalium procumbens, R. et PAV. *Fl. Peruv.*, tom. II, p. 1, tab. 107.

Quinchamalium chilense, MOLIN. *Chil.*, p. 159. PERS. *Syn.* I, p. 212.

Quinchamalium chilense, A *robustius,* Hook et Arn. Bot. of capt. Beechey. I, p. 44.

Quinchimali. Dombey. *Mss.*

Radix crassa, cylindrica (ut videtur biennis), subsimplex, lignosa. Caules e vertice radicis fasciculatim nascentes numerosi, erecti vel ascendentes, basi simplices, superiùs magis minùsve ramosi, striati, glabri, sursùm sæpissimè incrassati. Folia alterna, undique inserta et patentia, linearia vel lineari-lanceolata angusta, acuta, pollicaria vel sesquipollicaria, plana, uninervia, glaberrima, ad basim puncto purpureo notata. Flores densè spicati vel capitati, ebracteati. Calyculus urceolatus, lævis, quadridentatus, dentibus brevibus acutis, inferiori majori. Calyx tubulosus, post anthesim supra ovarium circumcissus, deciduus, tubo, basi ovario adnato, cylindrico; laciniis oblongo-lanceolatis in prefloratione erectis valvatis, in apiculo conico externè desinentibus, ad anthesim patentibus vel reflexis, externè virescentibus, internè aurantiacis, ad basim purpurascentibus. Stamina fauci calycis inserta laciniisque opposita et breviora, erecta, filamentis linearibus planis; antheris oblongo-linearibus bilobis, lobis linearibus parallelis introrsis et contiguis, rimà longitudinali dehiscentibus. Pollen sphæricum læve, e globulis pluribus compositum. Discus carnosus superficiem superiorem ovarii tegens, basimque styli cingens, annulum procminentem, integrum, subconicum efficiens. Stylus filiformis, antheras superans laciniasque calycis æquans. Stigma paululùm expansum, capitatum. Ovarium basi tubi calycis omninò adnatum, disco superatum, interiùs spongiosum, uniloculare, cavitate parvâ. Ovula tria apici columnæ centralis vel funiculi communis tenuis affixa, pendula et inter se subconnata, mamillo conico communi superata. Fructus : Akenium membranaceum, calyculo indurato inclusum, disco supernè accreto albido, basi constricto et subpedicellato superatum, semine conformi omninò repletum. Semen solitarium, duobus alteris abortis, apici funiculi seu columnæ e basi ovarii nascentis suspensum, tegumento nullo a perispermio distincto involutum. Perispermium farinaceo-carnosum amplum, usque ad superficiem seminis extensum. Embryo parvus, ovato-oblongus, obliquus, radiculâ superiori apicem nec ovarii nec columnæ spectante, cotyledonibus brevissimis adpressis.

Loc. : Chili, la Conception, Rancagua et San Iago (Dombey, d'Urville, Bertero, Gay.)

Planche LI A. *Quinchamalium majus*, de grandeur naturelle. Fig. 1, bouton fort jeune; fig. 2, le calycule séparé; fig. 3, fleur entière épanouie; fig. 4, une des divisions du calyce avec l'étamine qui est insérée à sa base; fig. 5, étamine séparée; fig. 6, pollen; fig. 7, sommet du style et stigmate; fig. 8, ovaire séparé du tube du calyce et surmonté du disque et de la base du style; fig. 9, coupe de l'ovaire montrant la position des ovules; fig. 10, colonne centrale avec les trois ovules qui y sont insérés; fig. 11, fruit entier renfermé dans le calycule, et surmonté du disque; fig. 12, coupe longitudinale de ce fruit : *a*, calycule; *b*, parois de l'ovaire; *c*, disque ayant pris un accroissement particulier, et étant devenu pédicellé par l'étranglement de sa base; *d*, périsperme; *e*, embryon.

Obs. J'ai cru devoir rapporter plus spécialement à cette espèce les divers synonymes des auteurs qui ont parlé de ce genre, parce que leurs descriptions lui conviennent en général mieux qu'aux autres espèces, sans être cependant parfaitement conformes à la nature, et je ne doute pas que dans plusieurs cas leurs descriptions ne s'appliquent en même temps à cette espèce et à la suivante. Ainsi la figure de la plante entière dans la flore du Pérou représente bien le *Quinchamalium majus*, mais les détails analytiques très-imparfaits qui l'accompagnent représentent très-mal les proportions des diverses parties de la fleur; on peut en dire autant de la figure de Lamarck (Illust. pl. 142), qui est mal copiée de celle de Feuillée, et accompagnée de détails tout à fait incorrects.

2. QUINCHAMALIUM GRACILE. Pl. LII A.

Q. ramis erectiusculis, foliis filiformibus, calyculo dentibus acutis subæqualibus, calycis laciniis erectis, antheris oblongis stylo subæqualibus, fructu disco sessili superato, embryone ovato obliquo.

Quinchamalium chilense, B *gracilis*, Hook et Arnott. Bot. of capt. Beechey. I, p. 44.

Radix gracilis subsimplex, verticalis, annua? Caulis ex imâ basi ramosus, centralis erectus, laterales 3-6 ascendentes, simplices vel superiùs ramulosi, graciles, striati. Folia alterna undique inserta, filiformia, flexuosa, acuta, enervia, subpollicaria. Flores densè spicati subcapitati. Calyculus urceolatus, lævis, angulosus, flavicans, quadridentatus, dentibus triangularibus acutis, inferiore paulò majore. Calyx tubulosus deciduus, tubi basi ovario adnato, cylindrico, inferiùs paulò dilatato, laciniis lanceolatis, erectiusculis, in prefloratione valvatim applicatis, in acumine conico brevi externè desinentibus, externè flavo-virentibus, interiùs flavescentibus. Stamina fauci calycis inserta, laciniis opposita et subduplobreviora, filamentis linearibus planis, antheris oblongis brevibus bilobis, lobis parallelis contiguis introrsis, rimâ longitudinali dehiscentibus. Discus annularis basim styli cingens, undulatus, subquinquelobus depressus. Stylus filiformis, antheras vix superans, laciniis calycis brevior; Stigmate parvo capitato. Ovarium basi tubi calycis adhærens, disco superatum, uniloculare, ovulis tribus ex apice columnæ centralis tenuis pendulis, in unico inferiùs trilobo superiùs simplice conico subconfluentibus. Fructus: Akenium læve, membranaceum, calyculo accreto aurantiaco inclusum, disco valdè aucto subindurato, ellipsoideo, sessili, superatum. Semen pericarpium exacte replens, turbinatum, solitarium, ex apice columnæ vel funiculi centralis nunc parieti adpressi dependens, rudimentis ovulorum duorum collateralium abortivorum tantùm superstantibus. Tegumentum nullum a perispermio distinctum. Perispermium farinaceocarnosum amplum. Embryo parvus ovatus vel subturbinatus, radiculâ superiori obliquâ nec verticem ovarii nec insertionem funiculis pectante, cotyledonibus brevissimis.

Loc. : Chili, la Conception (d'Urville, Dombey), San Iago. (Gay). La Paz, dans la république de Bolivie (d'Orbigny.)

Planche LII A. *Quinchamalium gracile*, de grandeur naturelle. Fig. 1, fleur entière épanouie; fig. 2, une des divisions du calyce avec l'étamine qui s'insère à sa base; fig. 3, étamine après la déhiscence des loges; fig. 4, sommet du style et stigmate; fig. 5, ovaire surmonté du disque et de la base du style après la chute du tube du calyce; fig. 6, fruit entier surmonté du disque qui s'est accru après la floraison; fig. 7, coupe du péricarpe et du disque montrant l'attache de la graine au sommet